中公新書 2664

武井彩佳著

歴史修正主義

ヒトラー賛美、ホロコースト否定論から法規制まで

中央公論新社刊

はじめに

近年、何が事実で何が嘘なのか、境界がはっきりしない世界が拡大した。「もう一つの事実」「フェイク」「陰謀」――こうした言葉が世界中で飛び交い、別の現実が存在するかのようでもある。人々が当然の事実と受け止めてきた多くの事柄に対して、根拠なくその真偽が疑われた。それは事実なのか、誰が証明したのか、証明されていないならばフェイクだ、といったほとんど言いがかりに近い議論が仕掛けられた。

こうした状況には既視感があった。歴史的な事実も、長くこのような攻撃にさらされてきたからだ。「アウシュヴィッツにガス室はなかった」「南京事件は捏造《ねつぞう》である」「慰安婦はみな職業的な娼婦」――こうした話を耳にしたことがあるだろう。

歴史的事実の全面的な否定を試みたり、意図的に矮小化《わいしょうか》したり、一側面のみを誇張したり、何らかの意図で歴史を書き替えようとすることを「歴史修正主義」(revisionism)と呼ぶ。歴史修正主義は、時代や政治状況により形を変えて繰り返し現れる。膨大な史料、目撃証言、物理的痕跡など、山のように証拠があっても、消えることはない。

ただし、歴史を新たな知見で「修正」すること自体は、必ずしも悪いことではない。新史料が発見されれば歴史が大きく書き直されることがあるし、時代が変われば社会の記憶も変化する。歴史は常に書き加えられ書き直され、不断の検証にさらされている。

しかし、歴史を特定の意図で都合のよいように「書き替える」ことと、過去の出来事に違った角度から光を当てて歴史を「書き直す」こととの区別は、容易ではない。学術的にも許容される修正と、批判されるべき書き替えの境界は明白ではない。では、数ある歴史記述のなかから、歴史修正主義的な記述を見分けることはできるのだろうか。

この点について考えるために、歴史家は過去をどのように眺めているのか、対して歴史修正主義者はどのような見方をしているのか、一つの譬《たと》え話をしよう。

家の窓の一つから、遠方に赤い家が見えるとする。窓枠を通して見える赤い家の姿は、もちろんその全体像ではない。それは特定の方向と角度から捉えられた立面図に過ぎず、赤いのは実は正面だけかもしれない。その家は後ろに細長くのびているかもしれない。一見したところ普通の家のようだが、実は張りぼてでないという確証はない。

したがってこの家の本当の姿を知るには、ぐるりと外周をまわってさまざまな角度から眺め、測量し、場合によっては航空写真も撮って正確な形状を知る必要がある。コツコツと壁を叩いて反響音を聞き、直に触って質感を確かめるだろう。さらにこの家の近くに住む人に家が建てられた経緯《いきさつ》を聞けば、実は最初は小さな小屋だったものが数世代にわたって拡張されてきたとわかるかもしれない。

ここでの赤い家とは、歴史事象のことである。自分の立つ場所から赤い家までの距離とは、出来事から経過した時間のことだ。家を眺める窓枠とは、誰もがものを観察する際に無意識に依拠する自身の価値観や解釈の枠組みのことである。

対象が遠ければ遠いほど実像を知るのは難しいため、人はこれにさまざまな手段で近づこうと試みる。書かれた史料、オーラルヒストリー、写真・映像、考古学的発掘物など、多様な角度からアプローチすることで、当時は実際にどうであったのかを推測する。こうしたトータルな分析によって、初めて歴史の全体像を把握することが可能になる。

つまり歴史学とは、過去が全体としてどうであったかを示す学問であり、一点から、一側面からのみ解釈することはしない。また複数の証拠を突き合わせることで判断する。これには専門性と長年の訓練が必要とされる。

これに対し、特定の窓枠から見えた風景の断片から、その家について結論するのが歴史修正主義である。全体のごく一部しか見えていないにもかかわらず、「赤い建物が見えた、したがってそれは赤い家である」と結論付ける。自身の考えと矛盾する事実は単純に無視することが多い。学術的にはきわめて稚拙であるだけでなく、事実に対して不誠実なのだ。

最初から事実と異なる歴史像を広める意図であからさまに史実を否定する主張を、欧米では「歴史修正主義」ではなく「否定論」(denial) と呼ぶようになっている。こうした主張をする人は、「否定論者」（denier）と呼ばれる。こうして意図的に歪曲《わいきょく》された歴史記述が選《よ》り分けられる。

日本では、歴史修正主義と否定論は必ずしも区別されていない。歴史修正主義は略して「修正主義」と呼ばれるが、これは否定論も含むかなり広い幅を持つ言葉として使われている。二つが区別されないがために、意図的に歪曲された歴史像が一つの歴史解釈として社会の一部で流通している現実もある。ただし本書では、日本の状況に合わせ、「歴史修正主義」という言葉は否定論も含む概念として使う。

また日本では歴史修正主義をめぐる議論には、歴史家よりむしろ政治家、ジャーナリスト、政治的な主張を持つ一般人などが参加し、実際には専門外の人々が論争の中心となっている。歴史家は政治的な論争に巻き込まれるのを避けようとして、もしくは根拠を欠く主張を論破する労力を無駄と考えて、距離を置く傾向がある。つまり、歴史学の外側で歴史をめぐる議論が行われている。

本書はこうした認識に立ちつつ、主に第二次世界大戦以降の欧米社会の歴史修正主義について描き、分析していく。日本の歴史修正主義は次のような理由から扱わない。まず著者が西洋史が専門であること、次にヨーロッパで歴史修正主義の問題は、本書後半で見る歴史の否定の法規制とともに展開してきたためである。この枠組みが日本にはない。この点を意識せずに、歴史修正主義への社会の対応だけを見ると、大きな差があるように見えてしまう。

本書ではまず、歴史学の観点から歴史とはどのように記されるのか、その基本的な姿勢や手段について述べる。

次に、近代国家で歴史修正主義が登場し、概念化されていく、「歴史修正主義の歴史」を概観する。

さらにナチズムとホロコーストという、二〇世紀の世界に決定的な影響を与えた出来事を経験した後、歴史修正主義は何を目的とし、どのような形態で現れたのか検証する。なかでも一九八〇年代以降にホロコーストの否定が拡散し、これに欧米社会が対応を迫られる経緯を追う。

そして現在、欧米社会は歴史修正主義や否定論とどのように向き合っているのか、法による歴史の否定の禁止について考える。

歴史修正主義は、表面上は歴史の問題を扱っていても、本質的には政治的・社会的な現象である。人々が引き寄せられる動機やきっかけはさまざまで、歴史とは無関係の個人的な利害など、まったく別の力学で言説が維持されることもある。メディアの責任も大きい。

このため歴史修正主義はむしろ社会と民主主義との関係から考える必要がある。それは、真実を追求することの意義と、これに拠《よ》って立つべき私たちの社会の価値観に、再び立ち戻ることに他ならないだろう。

目次

歴史修正主義

——ヒトラー賛美、ホロコースト否定論から法規制まで

凡例

・本文における外国語書籍の日本語タイトルは、邦訳がある場合はそれを使用し、未邦訳の場合は筆者による。ともに原書タイトルを付した。
・外国語書籍の引用文で、訳者名がないものは筆者の訳による。
・引用文のなかには、不適切な表現があるが、歴史修正主義者の考えを伝えるものとしてそのまま引用した。ご理解頂きたい。
・本書の戦後「ドイツ」とは、「東ドイツ」と限定しないかぎり、ドイツ連邦共和国（一九九〇年以前は西ドイツ）を指す。
・敬称は略した。

序章　歴史学と歴史修正主義

歴史を書き直すこと、もしくは「修正」（revise）するということは、何を意味するのだろうか。

この問いに答えるためには、まず歴史とはどのように書かれるのか知る必要がある。歴史学はどのような手段を用いて、何を明らかにしようとしているのか。

実証史学とは

私たちは歴史を、不変かつ静的な観察対象であるかのように考えがちである。過ぎ去った過去はもはや変更不可能であり、「事実」として存在しているような気がしている。歴史の本には、多くの場合は起こったことが年代順に示されていて、誰もこれに本質的な変更が加えられることを想定してはいない。

鉱物を顕微鏡で観察するように、歴史も科学的にアプローチできる――そう考え、なによりも客観性と実証性を重視する近代歴史学の礎《いしずえ》を築いたのが、ドイツの歴史家レオポルト・フォン・ランケ（一七九五－一八八六）であった。

ランケは、主観を排して「それが実際にいかにあったか」（wie es eigentlich gewesen）を記すことで、歴史の姿が明らかになると考えた。歴史家の仕事は、もっぱら事実を明らかにすることだとした。ではその事実には、どのように近づけばよいのか。

実証的な歴史学者であれば、この問いには次のように答えるだろう。まず、利用可能なすべての史料を集める（歴史学では「資料」ではなく「史料」と書く）。史料の書き手が誰か調べ、同時代の他の史料と突き合わせて照合し、矛盾するものを選り分け、のちの時代の書き加えを排除し、批判的な検証を重ねる。こうした学問上の手続きを「史料批判」と呼ぶ。

この手続きをきちんと踏めば、過去を正確に再現できるはずだ――これが実証主義歴史学（実証史学）の基本的な考え方である。客観性と実証性がきわめて重要であるので、歴史学の書物には基本的に「わたし」という一人称は登場しない。また歴史は史料により証明されねばならないので、参照元として多くの注が付けられる。

しかしランケがいくら「実際にそうであったように」書こうとしても、現実には書かれた歴史は起こったことと同じではない。私たちは、起こったことを鳥瞰《ちょうかん》的に、隅々まで見渡せているわけではない。関連する史料をすべて集めることなど、不可能なことは言うまでもない。客観性が重要といっても、何をもって客観的だとするのか。客観的に書かれているように見える文章でも、結局は特定の読み手を想定して、書き手の頭のなかにあったものが言語化されたに過ぎず、むしろそこに書かれていないものの方が、歴史について多くを語っていないだろうか。

「言語論的転回」による批判

そもそも、歴史に対して客観的であるとは、どういうことか。歴史家は誰もがその時代と環境が産み落とした子どもに過ぎず、自分が属する社会集団や文化によって規定される枠組みのなかで物を考えている。認識を基礎付ける宗教的な世界観や、社会で支配的な価値観など、あらゆるフィルターを通して思考する。

これに加え、私たちの思考そのものが言語による制約を受ける。言語を介さずして、私たちは何も考えることはできない。つまり、社会制度や価値観といった枠をはめられる前に、私たちの認識自体が言語により支配されている。

この世界は、言語という記号により意味を与えられた相対的なものなのだ。このため、私たちが実体だと思っているものは「表象」に他ならず、その意味では歴史家が明らかにしているのは「事実」ではない。すべては「言説」ないし「テクスト」であって、まさに「テクストの外部などというものはない」（ジャック・デリダ）のだ。

認識論のこうした考え方は、ポストモダン思想における「言語論的転回」と呼ばれている。こう考えると、歴史の本とは、ランケが言ったように実際にそうであったように書かれているどころか、単なる物語に過ぎない。歴史は過去に関する「表象」であり、小説と歴史書の違いはなくなってしまう。

実証史学の方法――E・H・カーの考え

こう言うと、書かれた歴史とはいったい何なのか、訝《いぶか》しく思えてくる。

イギリスの歴史家E・H・カー（一八九二―一九八二）は、いまや古典とも言える講演集、『歴史とは何か』で歴史を山に譬えた。ここで歴史を窓越しに見える山に譬えて、歴史学が歴史をどのようなものだと見なし、何を明らかにしようとしているのかイメージしてみよう。

山との関係で言えば、歴史家とは、窓から見えるこの山を図面に落として地図を作成し、立体模型を作る人のようなものだ。山が遠ければ遠いほど詳細を知るのは難しいが、地図は登山者に現在地を教え、山頂へと導くものだから、正確を期さねばならない。木々の間に潜んでいる谷や沢、行く手を阻む断崖を描き込まねば、まちがった地図を手にした人が判断を誤って遭難しかねない。このため、地図の作成者はさまざまな手段で山の全体像を明らかにしようとする。

まずできるだけ近づいて観察する。距離や高度を測るだけでなく、航空写真や衛星による画像も使って山の全体像を捉えようとするだろう。山の形状を明らかにするだけではない。土壌や植生も分析することで、火山ではないか、土砂崩れが起こりやすい場所があるか、確かめようとするだろう。

歴史学はこうした複数の手段による過去の全体像の把握を試み、これを言語化（地図化）する。これが実証史学の方法である。

ところが、山の周囲三〇キロの地点に住んでいる人々には、山はいろいろな形をしている。見ている角度が違うのだから当然だ。こうした山の姿は、その地点からは実際にそう見えるのだから、どれも正しい形ということになる。「私にとって、山がこういう形をしているのは事実である」と観察者は言うだろう。相対論による山の捉え方である。

ここでカーは問う。では、見る角度が違うと山の形が違って見えるからといって、もともと、山は客観的に形のないものであるとか、無限の形があるということになるのか。もしくは、よりポストモダン的に問いを立てれば、私たちが「山」という記号を与えているものが、眼前にある「山」と同一であることは誰にも確証できないから、山について議論しても意味がないのだろうか。

そうではないだろう。ここで歴史学は、山は実在している、もしくは実体として捉えることが可能であるという理解から出発する。実際に登ることができ、登った人が存在し、その証言があり、山の実存を示す物――たとえば噴火によって飛ばされてきた石など――もある。さまざまな方法で検証することで、完全にとは言わないまでも、ある程度その実像に迫ることができると考える。

このため歴史家は、書かれた記録が少ない場合は、考古学的な発掘を行ったり、オーラルヒストリーを集めたり、人類学的なフィールドワークを行ったり、歴史学に近い周辺領域の力も借りる。つまり複合的な手段で、過去に起こったことの再構成を試みている。しかし、それでも私たちは空から俯瞰《ふかん》する鳥の目を持たないため、過去の実像を一〇〇%捉えることは不可能だ。その意味で歴史学は永遠に未完の学問である。

ただし、歴史のジグソーパズルはピースが欠けていても、欠けた部分を歴史家がある程度想像で埋めることはできる。各所に穴の開いたパズルでも、離れたところから眺めれば、全体像が見えてくるのと同じである。このため、歴史学では想像力が決定的に重要である。

こう言うと、歴史は客観性が必要と言いつつ、結局は想像で過去の物語を練り上げているだけではないかという批判が出そうだが、それは正しくない。歴史家は現在手にしている証拠から、おのれの訓練と経験により、かなり可能性の高い推論を立てることができる。歴史はおそらくこうであったと推論する十分な根拠があるのだ。

「事実」と「真実」の違い

歴史学が歴史をどのようなものと考えているのかを示したところで、歴史家が実際に行う作業と、書かれた歴史の性格について確認しておこう。

まず、歴史的な「事実」(fact)と、歴史的な「真実」(truth)を区別しなければならない。

普段、私たちは「事実」（英：fact、仏：fait、独：Fakt/Tatsache）という言葉と、「真実」（truth/vérité/Wahrheit）という言葉を、使い分けることもあれば、ほぼ同じ意味で使っていることもある。

しかし、フェイクニュースが問題となると、メディアは「ファクトチェック」の必要性を語るが、「トゥルースチェック」とは言わない。なぜなら「事実」とは私たちの認識の基礎となり、私たちの判断の根拠となるものだが、「真実」のあり方は人によって異なる可能性があるからだ。このため歴史家は、「歴史的事実」という言い方はしても、「歴史的真実」という表現は避ける。

それでも「歴史の真実は一つ」と人は言う。一般的には、歴史的な「事実」と「真実」は混同されているようだ。歴史学におけるその違いは何だろうか。

ここで、ある過去の出来事に関する一万ページの文書を、一〇人の歴史家に共通の史料として与え、各自が読み解いて、その出来事の歴史を書いてもらうように依頼したと仮定しよう。そうすると、いつ、どこで、誰が何をして、その結果どのような状況が生まれた、といった事実関係については、一〇人の認識が大きく食い違うことはないだろう。これが、歴史的な事実（ファクト）である。しかし、これらの基礎的な事実は、歴史家が用いる「材料」に過ぎず、歴史ではない。

ところが「事実は自ら語る」という言い方がある。事実が持つ力によって、真実はおのずと明らかになるという意味でこの言葉を使う。しかし、再度E・H・カーを引くと、事実が勝手に話し始めることなどない。歴史家が事実を「事実」として選び出したときに、初めて語り始めるのである。

逆に、事実として選び出されないさまざまな出来事は、カーの言葉を借りれば、「過去に関する非歴史的事実という牢獄」に入れられ、私たちの認識の地平にも昇ってこない。つまりは「忘れ去られる」どころか、それ以前にそういったことがあったとも認識されず、過去に埋没する。その意味では歴史家が事実を選び出すことにより、歴史が作られる。だが、その際に歴史家は、星の数ほどもある事実に均等に目を配ったりはしない。カーは言う。

> 実際、事実というのは決して魚屋の店先にある魚のようなものではありません。むしろ、事実は、広大な、時には近よることも出来ぬ海の中を泳ぎ廻っている魚のようなもので、歴史家が何を捕えるかは、偶然にもよりますけれど、多くは彼が海のどの辺りで釣りをするか、どんな釣り道具を使うか——もちろん、この二つの要素は彼が捕えようとする魚の種類によって決定されますが——によるのです。全体として、歴史家は、自分の好む事実を手に入れようとするものです。
>
> (『歴史とは何か』清水幾太郎訳)

つまりここで、歴史が書かれる際の選択、「事実」の選択が行われている。歴史家は自分の作業仮説に基づいて事実を求め、自分の論を証明しそうにない史料は、脇に置いておく傾向がある。誰もが必ずこの選択を行うが、歴史家が関与する以前に物理的な意味での選択が行われている可能性もある。

歴史は解釈であり、記述は変わる

たとえば戦争で史料が失われ、ほとんど残っていないことがある。逆に、ある史料の保管が決定されるとき、アーキビスト（文書館員）が他の大量の文書を「価値なし」として破棄してしまうかもしれない。文書をすべて保管していたら、文書館がいくらあっても足りない。こう考えると、歴史文書が歴史家の机に載せられるまでには、いくつもの偶然や意図的な選抜があり、事実とはさまざまな種類のふるいにかけられたあとに、何らかの理由で残ったものとなる。

先の一〇人の歴史家の話に戻る。一〇人が書いた歴史は事実関係の把握の点では大きな違いがなかったとしても、やはり十人十色の歴史として記される。それは彼らが歴史事実の選択をそれぞれ行い、解釈する枠組みがそれぞれに異なるからである。この違いは、その人の世界観、政治的立場、イデオロギー、学問的な訓練などに由来する。

たとえば、きわめて敬虔《けいけん》なキリスト教徒の歴史家は、すべてはより大きな意思により導かれるという、神による予定調和の現れとして、歴史事象を捉えるかもしれない。実際、近代以前の歴史には、常に神の姿が見え隠れしていた。

ところが神が不在となったマルクス主義者の歴史家は、同じ出来事は特定の発展段階にある社会が示す特徴として理解し、経済的観点から説明するだろう。

フェミニズムに大きく影響されている人ならば、この出来事は女性の自立への意志と、父権とのせめぎ合いが現れる場と考えるかもしれない。

カーが言うように、歴史とはまさに解釈であり、諸事実を並べ替え、配置し、出来事をより大きな文脈のなかに位置付け、そこから意味を読み取るのが歴史家の仕事なのである。

こうした解釈の枠組みは、時代とともに変化する。世界のありようを説明するパラダイム（概念的枠組み）が変われば、歴史記述も変わる。

また学術潮流の変化も、歴史記述を大きく変える。現に、かつての歴史学は政治史や外交史が主流で、もっぱらエリート層が歴史の主体とされていたが、第二次世界大戦後に社会史が主流となり、普通の人々が歴史の主体として意識され、庶民の歴史が書かれるようになった。

つまり歴史は単数ではなく、常に複数であり、また固定的な歴史像というものは存在しない。歴史は常に「修正」され続ける運命にある。また、歴史的「事実」はある程度確定できるが、歴史的「真実」がどこにあるかを知ることはできない。

これに対して私たちが知り得るのは、歴史がどのような素材から、いかなる選択を経て書かれ、これがどのような解釈の型により説明され、人々に受容されることで意味を与えられているのかという、歴史の社会的な「現実＝リアリティ」のことなのである。

さまざまな「歴史修正主義」

歴史は可変的であり、客観的といいつつ事実の選択でさえ主観的な要素を排除できないという認識を前提に、話を進めよう。

これまで述べてきたように、歴史を「修正」することは、学術的な行為である。実際に、それまで知られていなかった史料が発見されたり、非公開であった史料が関係者の死亡により閲覧できるようになったり、史料の状況が大きく改善することにより、歴史が書き直されることもある。パラダイムの転換があれば、歴史記述は必然的に変わる。そして修正された歴史が主流となることも十分にあり得る。

しかし、主流派の歴史解釈からすると、歴史の書き直しは既存の価値体系や政治的な秩序を危険にさらす行為である。危険な言説は排除しようという力が働くため、これに「歴史修正主義」（revisionism）というレッテルを貼る。また歴史家のなかには、自ら歴史修正主義者（revisionist）を自称する人もいる。

これまで、どのような歴史記述が「歴史修正主義」とされてきたのか。

まずイギリス史では、歴史を直線的で、自由と啓蒙に至る必然的な進歩の過程と見なす

「ホイッグ史観」が一九世紀まで優勢であった。ホイッグとは、トーリー党とともに、かつてイギリスの二大政党を形成したホイッグ党のことで、「ホイッグ史観」とはホイッグ党の理念や政策に親和的な歴史記述のことを言う。現在の政治経済的な覇者を権威付ける、自由主義的な歴史観である。こうした歴史観に異議を呈す者は、歴史修正主義者と呼ばれた。

アイルランド史では、自国史をイギリスによる抑圧に抗する自由への闘いとして記す、民族主義的でカトリック的な歴史観が長く支配的であった。しかし、こうした歴史観を疑問視する歴史家が一九六〇年代から七〇年代に登場した。彼らはイギリスの支配はそれほど過酷ではなく、むしろアイルランドの歴史は間違った理想主義と暴力に特徴付けられてきたと主張した。彼らもやはり歴史修正主義者と呼ばれた。

ソ連史でも、共産主義体制が崩壊する前に、ボルシェヴィキ革命を少数者による暴力的な国家権力の簒奪《さんだつ》と見なし、上から全体主義が押しつけられたとする見方が登場している。これも歴史修正主義とされた。

また一九九〇年代のイスラエルでは、ユダヤ人国家の建設をパレスチナ人の追放という視点から読み直す歴史家が現れた。彼らは「新しい歴史家」を自称したが、主流派シオニストの歴史家からは歴史修正主義者と呼ばれ批判された。

一般的に、歴史の修正は戦争や政治体制の転覆など、政治的な変化を背景として登場することが多い。現に共産主義体制を全体主義の押し付けと捉える見方は、冷戦の終結と東欧におけるナショナリズムの台頭と同じ時期に出てきた。イスラエルで「新しい歴史家」が登場したのも、パレスチナとの和平合意を求める左派の運動が勢いを得たことと連動していた。

つまり、新しい政治体制やイデオロギーが、新しい歴史記述を求めるのである。したがって歴史修正主義というラベルは固定的とは言えず、新たに生み出された政治秩序が安定し、時間の経過とともに権力化していくと、歴史修正主義的な見方が主流化して、もはや歴史修正主義と呼ばれなくなることもある。たとえば、先のホイッグ史観に対する批判と修正は、いまや至極当然なものと見なされているために、歴史修正主義とは呼ばれない。

歴史の政治利用

ではなぜ特定の歴史の書かれ方は批判されているのだろうか。歴史を再検証して「書き直す」ことと、「歴史修正主義」とはどう異なるのだろうか。見直す行為が「主義（イズム）」になると、何が違うのか。学術的にも許容される歴史の見直しと、批判される歴史修正主義とを隔てるものは、何だろうか。

後者の例は、二〇世紀初頭のイギリスの小説家ジョージ・オーウェルの作品、『一九八四年』（一九四九年）のなかにある。

主人公のウィンストン・スミスは、「ビッグ・ブラザー」と呼ばれる指導層が率いる全体主義的な国で、歴史の改竄《かいざん》を仕事としている。現実に起こったことがビッグ・ブラザーによる予言と計画に合致するように、過去のニュースを日々書き替えている。改竄箇所は、一度行うと芋づる式に増えてゆく。なぜなら政治的に「消された」人物は最初から存在しなかったことになり、その人間に言及する箇所もすべて書き替えなくてはならないからだ。こうして、現在の政治に合わせて過去が書き替えられてゆく。

どうやら歴史修正主義の問題は、政治的な意図の存在にあるようだ。歴史の修正の目的は、政治体制の正当化か、これに不都合な事実の隠蔽《いんぺい》である。現状を必然的な結果として説明するために、もしくは現状を批判するために、歴史の筋書きを提供する。これが「主義＝イズム」としての歴史修正主義だ。

歴史修正主義は、過去に関するものであるように見えて、実はきわめて現在的な意図を持つ。現在における歴史の「効用」が問題なのであり、いまを生きる人間にもたらされる利益がなければ意味がない。したがって歴史修正主義は本質的に未来志向である。歴史が修正されることで、将来的に取り得る選択肢も正当化されるからだ。こうして過去は現在と未来に奉仕させられる。

このため歴史修正主義は、歴史の政治利用の問題と常に結び付いている。しかし、なぜ歴史を政治的な目的のために使ってはならないのだろうか。

歴史認識は、国民としてのアイデンティティ形成に不可欠であり、社会の価値観を基礎付ける。これがないと、社会はバラバラになり、精神的な支柱を欠く。社会の連帯を可能とするような歴史意識を培うことの何が悪いのか。

国家間関係では歴史認識が外交の基盤であるが、どの国も多かれ少なかれ歴史を自らの都合のよいように解釈している。歴史認識を政治外交における利益の最大化の手段と位置付けている国は少なくない。より功利主義的に言えば、歴史を政治に持ち込むことで、大きな国益が達成できると思われる場合、歴史の利用は正当化し得ないだろうか。

そもそも、特定の歴史を「正史」として認可印を捺《お》して、全国津々浦々までその浸透を図るのが歴史教科書である。公的な教育の目的がよき国民・市民の育成にあるならば、よき国民を育てるような歴史像を広めて何がいけないのか。

歴史を政治の手段とすることを是とする人は、このように主張するだろう。こうした主張は、実にもっともらしく聞こえる。

「歴史の政治利用の何がいけないのか」という問に対しては、実はこれまできちんとした回答は示されていない。したがって、歴史的・政治的・法的な観点からこの問いに答えることが、本書の目的の一つとなるだろう。

第1章　近代以降の系譜——ドレフュス事件から第一次世界大戦後まで

近代国家における歴史修正主義は、一九世紀末のヨーロッパ社会で政治との強いつながりのなかで生まれてきた。「修正」という言葉が明白に政治的な意味合いを帯びて登場したのは、一九世紀末フランスでのドレフュス事件である。

1　陰謀論、マルクス主義の「修正」——イデオロギー化

ドレフュス事件

ドレフュス事件は、二〇世紀転換期のフランス第三共和政を揺るがした疑獄事件だ。フランス陸軍大尉アルフレド・ドレフュス（一八五九―一九三五）は、ドイツとフランスのあいだで長く領有が争われてきたアルザス出身のユダヤ系軍人で、一八九四年に軍の機密をドイツに漏洩《ろうえい》したとして有罪となった。他に犯人がいることが判明していたにもかかわらず、軍はこれを隠蔽し、偽造された文書をもとにドレフュスをスパイに仕立て上げた。これ

に対し、作家エミール・ゾラ（一八四〇－一九〇二）が新聞紙上で「私は弾劾する」とドレフュスを擁護する論陣を張り、共和主義と人権を擁護するドレフュス派と、保守的・反ユダヤ主義的な反ドレフュス派にフランス国論が二分される。

ドレフュス支持者は冤罪《えんざい》を主張し、再審を求めた。フランス語の「レヴィジオン（**révision**）」は、裁判のやり直し、「再審」を意味すると同時に、「修正」「見直し」も意味する。つまり「修正」とは、もとは事実の解明とこのユダヤ系軍人の正義を求めたドレフュス派の言葉だった。

のちにドレフュスへの嫌疑は晴れ、無罪が確定し名誉回復も行われた。しかし、言葉の本来の意味は反転して、歴史的な事実を歪曲する行為が「修正」と呼ばれるようになる。

というのも、ドレフュス派の政治評論家ジョセフ・レーナックがまとめた全七巻の『ドレフュス事件史』（***Histoire de l'affaire Dreyfus*** 一九〇一－一一年）に対し、反ドレフュス派の右派政治団体として設立されたアクシオン・フランセーズのメンバー二人が、「アンリ・ドゥトレ＝クロゾン」という偽名で『ジョセフ・レーナックという歴史家――ドレフュス事件史修正版』（***Joseph Reinach historien : révision de l'histoire de l'affaire Dreyfus*** 一九〇五年）を発表したからである。

この本は、アクシオン・フランセーズの代表、シャルル・モーラス（一八六八－一九五二）が序文を書き、六〇〇ページにわたりドレフュスの有罪を示す「事実」を細かな注を添えて示す体裁を取る政治的な偽書だ。

この「修正版」は、虚実入り交じることが明らかとなった後も、反ドレフュス派の一種の「聖典」とされ続けた。フランスの歴史家ヴィダル＝ナケは、これを歴史の否定という意味での歴史修正主義の「文学的起源」としている。

陰謀論との類似性

嘘であることが明らかであるにもかかわらず、特定の言説が独自の生命を得て生き続ける例は少なくない。その代表が『シオン賢者の議定書』である。

一九世紀後半のフランスで原型が生まれ、二〇世紀初頭にロシアで出版されたこの偽書は、ユダヤ陰謀論のバイブルともいえ、時代を超えて反ユダヤ主義レトリックの源泉となってきた。

ユダヤ陰謀論とは、ユダヤ人は有史以来、世界支配を画策してきたとするものだ。時代によってその手段は戦争や革命であったり、金融市場を介した経済的支配であったりするが、歴史の背後には常にユダヤ人の影があるとする。『シオン賢者の議定書』では、ユダヤ人の長老たちが陰謀を練るために一堂に会し、そこでの話し合いの内容が漏れ出たという設定になっている。

では、一般的な陰謀論とは何か。この言葉を最初に使ったとされる二〇世紀の政治哲学者カール・ポパー（一九〇二－一九四）によれば、戦争や貧困、窮乏など、人々が忌《い》み嫌う社会の現象は、権力を持つある特定の個人や集団が画策した結果であるとする考えである。さまざまな陰謀論があるが、最近では地球温暖化など起こっていないという否認や、アメリカ政府を陰で牛耳るという「ディープステート」などが例としてあげることができる。

陰謀論の特徴は、根拠がないことが明らかでも、いったん世に出ると真偽にかかわらず生き続け、完全に消えることがない点だ。実際に『シオン賢者の議定書』は、いまも一部のアラブ諸国やネット空間で流通している。言説が事実かそうでないかということと、その社会的な受容と延命の間には必ずしも関係性がない。

それはなぜか——。端的に言えば、陰謀論は証拠を必要としないからだ。ある主張を展開するにあたり、通常は根拠となる証拠が必要だが、陰謀論では証拠がないこと自体が、陰謀集団による「真実」の隠蔽の結果として説明される。つまり、世の中を動かしている権力者や陰謀集団が自分たちの悪事をうまく隠しおおせているので、嘘の証拠は見つからないという前提から出発する。そうすると、世の中の問題はすべて陰謀の結果として説明できる。

したがって、陰謀論者には証拠は意味をなさない。自分の主張に対して強い反証となる事実が目の前にあっても、受け入れることを拒否し、自分の世界観に基づいて解釈する。つまり、自分の信じる「現実」の姿が先にあり、これを説明するための道筋は立てるが、証拠を示す必要はないため、現実を説明する解釈はいくらでも可能である。さらに言えば、すでにある動機がその人の認識を条件付けるため、原因と結果の関係に関する錯誤がある。

それでも陰謀論を信じる傾向のある人は、社会に一定の割合でいるという。性格や生育環境により、陰謀論に共鳴しやすい集団が潜在的に存在すると考えられている。しかしこうした世界観は、彼らの信念でもあり、放棄させるのは困難だ。

ただし、陰謀論は荒唐無稽なので無視すればよいと考えていると、悲惨な結果をもたらすこともある。現に『シオン賢者の議定書』は、帝政ロシアでユダヤ人に対するポグロム（虐殺）を誘発したといわれる。さらにこの偽書はヒトラーの世界観にも影響したようだ。

歴史修正主義の論理は陰謀論に似ている。まず陰謀論も歴史修正主義も、支配的な説明モデルに対する一種の対抗言説であると自らを位置付けている。歴史が知られるような結果となったのは、誰かが後ろで糸を引いていたためである。その証拠は、権力により隠蔽されている。「正史」は、こうした黒幕である個人や集団の利益のために書かれたものである。したがって歴史の教科書には本当の歴史は書かれていない――こうした主張は、歴史修正主義者と陰謀論者の双方で見られる。

マルクス主義の「修正」――ベルンシュタインからフルシチョフまで

歴史修正主義の起源の話に戻ろう。

ドレフュス事件の後、「修正主義」という言葉が政治の場で一つの勢力、イデオロギー的な「派」として認識されるようになったのは、二〇世紀転換期の社会主義思想のなかでであった。

一九世紀末、ヨーロッパの社会主義者はマルクスの革命論に基づいて、貧困化したプロレタリアートが増加することにより階級闘争が激化し、ブルジョワ社会は必然的に崩壊して革命に至るだろうと考えていた。しかし、ドイツ社会民主党のエデュアルト・ベルンシュタイン（一八五〇—一九三二）は、実際には労働者の貧困化は起こっていないため、資本主義の崩壊という前提での議論は誤っており、この予測に基づいて社会民主党の戦術を立てるべきではないと主張した。マルクス主義原則への固執は時代の状況に合っておらず、むしろこれを改良することで社会主義の実現を目指すとしたのだ。

こうしたベルンシュタインの主張は、カール・カウツキー（一八五四—一九三八）やローザ・ルクセンブルク（一八七一—一九一九）といった社会民主党内の理論家から批判され、一八九九年の党大会ではベルンシュタインを非難する演説が四日間にわたり行われた。同時に社会民主党は、党の基本原則や要求を変更する理由は何もないとする決議を圧倒的多数で可決する。

こうして原理原則を守ろうとする主流派に対し、修正や改良を求める者が侮蔑《ぶべつ》的に「修正主義者」と呼ばれるようになる。これ以降、「修正主義」は相手を非難し、その正当性を否定する際の言葉として使われるようになった。

現に共産主義体制下では、修正主義者という言葉で非難合戦が繰り広げられてきた。まず労働者による「世界革命論」を掲げるトロツキーは、ロシアだけでも社会主義の建設は可能としたスターリンの「一国社会主義論」を修正主義として批判した。だが、逆にスターリンから修正主義者と位置付けられ、権力闘争で敗北する。またユーゴスラヴィアのチトー大統領はスターリンやフルシチョフから修正主義者と批判されたが、そのフルシチョフも毛沢東からは修正主義者と呼ばれた。

このように、政治の場における「修正主義」という言葉の使われ方には、すでに否定的な意味合いが込められている。

歴史についても「修正主義」という言い方には、非主流・非正統といったニュアンスがある。主流派は、確立された歴史の解釈に挑戦する者に「歴史修正主義者」というレッテルを貼ることで、「正統」に対する「亜流」として退けようとする。

これに対して歴史修正主義者は、社会的に通用している歴史観は主流派イデオロギーによる権力の産物だと見なしている。これに抵抗して自分たちが「正しい」主張をしているにもかかわらず、少数派であるゆえに、権力・世論・利益集団により封殺されると考えている。このため歴史の修正は、彼らにとっては「正義」の問題となる。実際に多くの歴史修正主義者が自らを「正義」の代弁者と位置付けている。

2　ドイツ外務省の試み――戦争原因研究本部の設置

第一次世界大戦の起源論――ドイツ外務省「戦争責任課」

政治と歴史修正主義の関係は、第一次世界大戦の戦争責任論でより明白となった。

ドイツに巨額の賠償を科したヴェルサイユ条約の二三一条は、ドイツとその同盟者に戦争の責任があるとして、これを賠償請求の根拠とした。その結果ドイツは支払いで疲弊《ひへい》し、極度なインフレとなり、餓死者も出て、政治はきわめて不安定となった。

ドイツは一方的な責任の押し付けを不当と見なし、対してイギリス、フランスなどの連合国は、ドイツにより望まない戦争に引きずり込まれたとして、戦争の大義と自らの行為の正当性を主張した。

開戦責任と、賠償支払いや領土の割譲という結果は直結している。そのため、ドイツは国を挙げて戦争責任論に対抗し、連合国の政策が拠って立つとする正当性を切り崩すため、戦争原因の修正を試みた。まず巨額賠償の不当性を宣伝するために、外務省内に「戦争責任課」が作られ、その外郭団体として、歴史認識の形成を学術的にも誘導するための「戦争原因研究本部」が一九二一年に設置された。

戦争原因研究本部は、アルフレート・フォン・ヴェーゲラー（一八八〇―一九四五）という元軍人が中心となり、雑誌『戦争責任問題』（*Die Kriegsschuldfrage*）を刊行した。この雑誌の副題が「国際的な啓蒙のための月刊誌」であったことが示すように、その意図はドイツの責任問題をめぐる国際的な世論に影響を与えることにあった。

外務省からの資金援助の下、戦争原因研究本部は親独的なジャーナリストや研究者による論考の発表を支援し、執筆に謝礼も出した。論文を外国語にも翻訳して、ドイツの外での拡散に努めたのである。

さらに外務省は『ヨーロッパ諸政府の政策』（*Die Große Politik der europäischen Kabinette*）と題して、一九二二年から二七年にかけて外交文書の史料集を四〇巻も刊行した。これは、ドイツ帝国の成立時まで遡《さかのぼ》って英仏などによる対ドイツ包囲政策の存在を強調し、ドイツから見た戦争の原因を示そうとするものであった。直近の過去に対する認識を「修正」するだけでなく、誘導的に形成することで、賠償の減免という具体的な成果を期待したのである。いわば国を挙げての歴史修正主義である。

こののち、ヒトラーがヴェルサイユ条約の「修正」「変更」を掲げてナチ党への支持を拡大していったことは、誰もが知るところだろう。一九三八年、ドイツはチェコスロヴァキアのズデーテン地方を併合するが、このときもヒトラーは不当に引かれた国境線を「修正」するに過ぎないと主張している。

死の商人、ウォールストリート説

一方アメリカでは、ドイツとは異なる観点から戦争の起源の「修正」が試みられた。建国以来アメリカは、ヨーロッパの戦争には介入しないという不干渉の原則に立ってきた。この大原則から離反して戦争へと舵《かじ》を切ったのはウッドロー・ウィルソン大統領（一八五六―一九二四）だったが、彼はその際これは「すべての戦争を終わらせるための戦争」であるとして正当化した。

しかし戦争が終結する頃には、アメリカの介入は恒久平和を実現するどころか、むしろ新たな紛争の火種を撒いたように思われてきた。政治家たちが語ったような民主主義を守るための聖戦などではなかったという声が、各方面から上がり始めた。

戦争が終わると、ハリー・エルマー・バーンズ（一八八九―一九六八）やチャールズ・A・ベアード（一八七四―一九四八）といった著名な歴史家がドイツの無罪を主張し、アメリカ国民は指導者に欺《あざむ》かれて参戦したとの主張を展開し始める。こうした論客は「歴史修正主義者」を自称し、自らを公的な解釈の押し付けに対する「真実」の追求者と位置付けた。

その主張の中心は、ドイツやオーストリアだけに開戦責任を帰すのは一方的であり、アメリカ国内には戦争へ誘導する利害関係が存在したという点にあった。裏で糸を引いた犯人として、政府と並び造船業や兵器産業、そしてこれに融資した銀行などがやり玉に挙げられた。こうして死の商人（つまり軍需産業）とこれを支えるウォールストリート（つまりユダヤ人）

が黒幕であるとの印象が拡散されていく。一九三〇年代半ばには、参戦の「真実」を究明するための公聴会まで開かれている。

戦争に関連した利害関係を追及する場となった上院の特別調査委員会は、通称「ナイ委員会」として知られる。委員長を務めた共和党政治家ジェラルド・ナイは、のちに非介入主義に立つ圧力団体「アメリカ・ファースト委員会」の設立にも関わった。第一次世界大戦の起源論の「修正」は、アメリカの孤立主義と結びついて、一種の政治運動と化した。

歴史修正主義と結び付いた孤立主義勢力の形成は、ヨーロッパでファシズムが勢いを増していた時期に、アメリカ議会が「中立法」（一九三五－四一）を制定する要因の一つとなった。

このように第一次世界大戦は、政治が直近の過去の解釈を左右し、同時に過去の解釈が現在の政治を正当化するという点で、歴史修正主義の実質的な出発点である。起こったことをなかったことにすることはできないが、少なくともその解釈を変えることにより、より好ましい歴史像に近づける試みが、政治の側から要請されるようになったのだ。

3　変質した歴史家――H・E・バーンズの場合

ハリー・エルマー・バーンズ

二〇世紀前半の歴史修正主義者として欧米では最初に名前が挙がるのが、先に触れたアメリカの歴史家で社会学者のハリー・エルマー・バーンズである。バーンズは生涯に三〇冊以上の本、一〇〇を超えるエッセイ、六〇〇を超える書評を書き、そのテーマは歴史、政治、文化、犯罪まで多岐にわたった。なかには大学の入門書とされた定評のある著作もある。

歴史家としてのバーンズは、まず歴史社会学の著作で名をなし、そののち第一次世界大戦に関する歴史修正主義でも知られるようになり、第二次世界大戦後は実証が困難な陰謀論に傾き、最後はホロコースト否定に至った。

一定の評価を得ていた歴史家は、どのように歴史修正主義者へと変質していくのか。バーンズの軌跡を通して、政治や社会が歴史修正主義の形成にどのように関係するのか考えてみよう。

ニューヨーク州の農家に生まれたバーンズは、大学への進学資金がなく、通信教育で土木工学を学んだ。インテリと言うよりはむしろ労働者であり、片田舎の学校で教えて進学資金を貯め、シラキュース大学で歴史を学び、コロンビア大学で博士号を取った。

バーンズは、第一次世界大戦では熱心な対独参戦論者であり、愛国団体のパンフレットに反ドイツ・プロパガンダを書くような人物であった。ところが戦争が終わると、ドイツは犠牲者であり、開戦の責任はむしろフランスとロシアにあったと主張する。

この方向転換は、アメリカの参戦は正義の戦いなどではなく、むしろ政治経済的な利害に引きずられたという理解から出発していた。バーンズには「事実」として一般に受け入れられている事柄への直感的な疑念と同時に、「真実」がどこかにあるはずであり、これを見つけたいという欲求が常にあったようだ。隠された「真実」の存在を前提とする世界観は、陰謀論の入り口である。

大戦間期、彼はアメリカの戦争介入を糾弾する立場から言論活動を行い、こうした論調に立つ『世界大戦の起源』（*The Genesis of the World War* 一九二七年）を出版すると、バーンズの歴史修正主義者としての位置付けは確たるものとなる。

ただし、現在の学術スタンダードから言うと、バーンズの主張は完全に的外れとは言えない。

実際に第一次世界大戦の原因は、ヨーロッパ諸国の同盟関係や経済的利害、各国の政治文化など複雑な背景があり、白と黒とにはっきり色分けして描くことは不可能である。戦争の起源については現在でも論争は続いている。フランスやロシアの役割についても、研究が行われるようになった。

戦争への経済的力学が存在するという視点も、特に軍産複合体が発達した二〇世紀以降の戦争では当たり前のことである。バーンズは、たしかに極端な主張をする傾向はあるものの、必ずしも学問の範疇《はんちゅう》の外にいたわけではなかった。しかし問題は、ドイツを免罪しようとする彼の意図にあった。

ドイツを無罪放免するバーンズの言説に、ドイツは国家的利益を見出す。現に戦間期のバーンズの研究は、ドイツ外務省からの支援を受けていた。すでに見たように、ヴェルサイユ条約による賠償要求を不当なものと見なすドイツは、自国の立場への理解を広めるためにさまざまな宣伝活動を行っていた。バーンズは一九二六年にドイツを訪れ、各地を講演して回ったが、これはドイツの戦争責任論に対抗するために設立された「戦争原因研究本部」の招聘《しょうへい》によるものだった。

陰謀論への傾斜

第二次世界大戦後のバーンズは、徐々に陰謀論へと近づいていく。

彼は第一次世界大戦の際と同じく、アメリカの戦争介入を不当とする立場から、大統領フランクリン・ローズヴェルト（一八八二—一九四五）を自国を戦争に引きずり込んだ張本人として非難した。編著『恒久平和のための常なる戦争』（*Perpetual War for Perpetual Peace* 一九五三年）で、大統領はアメリカの参戦を望んで、日本による真珠湾攻撃を許したという説を押し出した。

バーンズは、アカデミズムの人間は権力者に都合のよい歴史だけを書く「お抱え歴史家」で、「売春婦」と同じような存在であり、人々が歴史の「真実」を知れば、今後アメリカが無用な戦争に乗り出すことはなくなると主張した。

他方で、バーンズによれば「真実」は常に一般の目からは隠されているのだという。なぜなら彼の主張では、「歴史のブラックアウト（灯火管制）」が起こっているからだという。戦時下では夜間に空襲の標的とされないように灯火管制を敷いて、光が漏れないようにするが、それと同じことが歴史でも行われるというのだ。戦争では情報が操作され、機密化されるが、歴史の実態を暗くよく見えない状態に置こうとする者たちが、真実を隠蔽すると。

歴史修正主義の一つの特徴は、複合的な背景を持つ出来事を、単純な一対一の因果関係に回収する傾向にある。他のさまざまな要因を捨象《しゃしょう》し、一つか二つだけの要因と、実際の結果を無理矢理結び付けようとするため、歴史記述としてバランスが悪い。そのバランスの悪さを隠すために何らかの「証拠」を提示しようとするが、説得力のある証拠が欠落しているため、陰謀論に逃げる循環ができる。

陰謀論は何も証明しない。ところが、ローズヴェルトによる陰謀論、つまりアメリカは参戦してイギリスを助けるために、真珠湾攻撃の計画を知りながら情報を隠蔽したという説は、今日に至るまで第二次世界大戦の隠された「真実」として、浮かんでは消えるテーマである。特にわが国では、日本はローズヴェルトに「はめられ」て戦争に乗り出したという、自らの戦争責任を軽減する文脈で使われている。

ホッガンの発掘、ドイツの犯罪の相対化

さて、バーンズによる歴史の「通説」への批判は、ローズヴェルト悪玉論にとどまらなか

った。
ドイツによるポーランド侵攻で始まったヨーロッパの戦争も、ヒトラーより連合国の側に責任があるとの主張を展開した。ドイツの侵略による犠牲者数は、連合国の行為による死者数と同じくらいで、その過酷さでは連合国が上回ると、ドイツの犯罪の相対化を試みた。

この過程でバーンズは、デイヴィッド・ホッガン（一九二三－八八）という博士論文を執筆中のアメリカの若い研究者に出会う。ホッガンは戦争責任を主にイギリスに帰す主張をしていたが、バーンズはこの説を採用する。ドイツは一九三九年の段階で戦争を欲していなかったが、イギリスに唆《そそのか》されたポーランドがヒトラーの「穏当」な要求を拒否したために戦争が始まったのだという。

バーンズは、ホッガンがドイツで研究できるように資金を調達し、博士論文の出版社探しも手伝った。最終的にホッガンの博士論文は『強いられた戦争』（*Der erzwungene Krieg*）として、一九六一年にドイツ語版が最初に出版された。明らかにドイツを免責する意図ゆえに、アメリカでは出版社を見つけることができなかったのだ。

ホッガンの本の出版社名は「ドイツ大学教員新聞社」。アカデミックに聞こえるが、実は一九五三年にヘルベルト・グラベルトというナチ思想により大学講師職を追われた人物が設立し、連合国による「非ナチ化」政策により失職した元大学教員の団体が支援していた。のちにグラベルト出版社と名称変更し、現在まで極右思想を扱う出版社として存続している。

その出版物は何度も裁判所によって禁止され、有害図書に指定されている。

ホッガンは、自分たちが言えないことを言ってくれるアメリカ人として敗戦国ドイツでもてはやされ、『強いられた戦争』は複数のドイツの右翼団体から「賞」をもらっている。歴史修正主義団体と見なされていた「歴史研究推進協会」から「レオポルト・フォン・ランケ賞」という名の賞を受賞しているのには、実証史学の祖ランケもさぞや驚いたであろう。

ホッガンの本は九〇〇ページを超える分量で、多数の注が付され、一見したところ真面目な研究書のように見える。しかし多くの箇所で史料の意図的な読み替えがあり、学術書としての基準を満たしていないと、ドイツの歴史家たちがすぐに反駁《はんばく》した代物である。政治的な性格を帯びた団体が、自分たちの主張に近い著作に対して、学術的な体裁を装った「賞」を与えて箔《はく》を付けさせようとするのは、いまも昔も同じである。

最終的にバーンズは、ドイツ右派の寵児《ちょうじ》となったホッガンと意見の相違から袂《たもと》を分かつこととなる。しかしバーンズはすぐに次のテーマを見出した。それがホロコースト否定論である。

言説の需要と供給

バーンズの歴史観の変遷を見ると、大学の歴史講座の教科書として使われた本を執筆していたような人物が、なぜ非合理的な思想へ陥っていったのか疑問を抱く。たしかにバーンズは極端な主張を好み、論争を厭《いと》わない人間であったが、それでもある時期までは学問の一定のルールに従っていた。ではなぜ彼は脱線したのか。これはバーンズの世界観の問題なのだろうか。それともその主張に賛同する人々が、彼の言説に流通経路を与えたからか。

実は、バーンズに対する評価は、立場によってかなり異なる。バーンズは権力が真実を覆い隠すという理解から、政府による検閲に反対し、史料の公開を求め、言論の自由を主張したため、当初はリベラル派だと受け止められていた。

同時に、ローズヴェルトやハリー・トルーマンといった大統領を、アメリカを世界大戦へと導き、続く冷戦下で世界の警察官に仕立て上げた張本人と非難した点では、反戦や反軍拡という意味で左派的な性格も持っていた。このためバーンズは、いまでも一部では平和主義者としての評価さえある。ただし、彼の反戦姿勢は、戦争の背景にユダヤ人の銀行家を見る点で、左派的な反ユダヤ主義とも通底していた。

他方でバーンズは、ドイツの戦争責任の否定ではドイツの右派や保守派と親和性があり、ホロコーストの矮小化ではネオナチなどの極右と意見をともにした。いまもバーンズは「歴史修正主義の父」として扱われ、その著作はネット上で出回っている。

つまり、バーンズはさまざまな方面で思想的にも政治的にも、それぞれに異なる集団から「部分的」に評価されている。バーンズの言論の消費者は、言論者としてのバーンズを全体として評価することはしない。自分の世界観や政治信条と合致する言葉だけを、バーンズのなかに求めるのである。

これに対してバーンズも、自分の言説の「顧客」に対して、彼らが喜ぶような商品を提供しようとした。つまり、バーンズの言説とその受け手のあいだには需要と供給の関係性があり、むしろ需要が供給される言説の中身を決定していくのである。

追悼文が語るバーンズの本質

一九六八年のバーンズの死に際してアメリカ社会学会が出した追悼文からは、彼の多面的な活動をいかに評価すべきか苦悩する姿が見てとれる。

いわく、バーンズは真実の真摯な探求者であり、「権力に立ち向かう勇気」に導かれたリベラリストであった。同時に「事実を徹底的に検証する人」でもあったという。しかし同時にその歴史修正主義により、大学からも、研究者からも、メディアからも見捨てられた、と追悼文は続けている。

事実、一九四〇年代も終わる頃には、バーンズはアカデミズムからほとんど追放された状態にあった。その結果、大手出版社からは見向きもされなくなり、各地の大学で短期の非常勤講師を務め、講演して回る他は、フリーランスの文筆家として生計を立てた。こうした冷遇はバーンズをさらに憤慨させただろう。自分の説が世に広まらないのは、権力の介入があるからだと考えた。

これと並行してバーンズはユダヤ陰謀論に傾斜していき、徐々に反ユダヤ主義者と区別がつかなくなっていった。バーンズ本人は、ガス室がなかったなど極端な主張をするには至らなかったものの、ホロコースト否定論への肩入れは、バーンズの歴史家としての評価を葬《ほうむ》り去ったのである。

第2章　第二次世界大戦への評価——一九五〇〜六〇年代

近代の国民国家は「想像の共同体」であると言ったのは、アメリカの政治学者ベネディクト・アンダーソン（一九三六—二〇一五）だ。想像の共同体では、互いに会ったこともなく、生涯何の接点も持たない人々が、同じ国家に属す国民だと感じている。自分たちの歴史に関する「国民の物語」があるからだ。物語の起源には、多くの場合、国家統一などの偉業か、戦争などの犠牲がある。国民意識は記憶が共同体により共有されることで形成される。

ところが、第二次世界大戦敗北後のドイツは、拠って立つ国民の物語が欠落した状態にあった。他国への侵略や虐殺という加害の歴史を、国民の共通の物語とすることはできない。ネガティブな過去に立脚する国民意識は拒絶されるだろう。

「普通」の国としての歴史、恥じる必要のない国民の物語への希求が、ナチズムの歴史を修正する動機となっていく。それはまずドイツの犯罪を世界の眼前に突き付けたニュルンベルク裁判の否定という形で現れた。

1　ニュルンベルク裁判への不満――ドイツだけが悪いのか

国際軍事裁判の否定

ニュルンベルク裁判とは一般に、一九四五年一一月に開廷し、翌四六年八月に結審した、英米仏ソ連による国際軍事裁判のことを指す。主要戦争犯罪人二二人の被告のうち一二人に死刑判決が下され、一〇人が執行された。この後、アメリカ軍は単独でその他のナチ高官などを対象に一九四六年から四九年にかけて一二の軍事裁判を行い、これらは「ニュルンベルク継続裁判」と呼ばれている。

ニュルンベルク裁判は、国際軍事裁判所の設立を謳《うた》った一九四五年八月の「ロンドン協定」に基づく。ロンドン協定には、裁判所の構成や裁判の進め方などを定めた国際軍事裁判所憲章（以下、ニュルンベルク憲章）が付随する。重要なのはその第六条でドイツを裁く犯罪の概念を定めたことである。「戦争犯罪」「平和に対する罪」「人道に対する罪」である。

「戦争犯罪」とは捕虜の殺害や禁止兵器の使用など、国際条約が定める戦闘法規に違反する行為を指す。

「平和に対する罪」とは当時の国際法に違反して、侵略戦争を始めることである。

「人道に対する罪」とは、非戦闘員の民間人に対する虐殺や奴隷化、強制的な移動などの非人道的行為と、人種的・政治的・宗教的な理由に基づく迫害を指す。

ニュルンベルク裁判は、戦争犯罪人の処罰で画期的であったのみならず、その後の国際秩序の形成でも、分水嶺となった。裁判所はドイツが戦争を計画し実行するなかで、通常の戦争犯罪のみならず、「平和に対する罪」「人道に対する罪」を犯したと認定した。

これらの犯罪は、国際法上、最も深刻な犯罪と位置付けられ、一九四六年に国連総会で「ニュルンベルク諸原則」として確認された。一九四八年には世界人権宣言、ジェノサイド禁止条約が採択されるが、戦後の人権保障体制が形成されるなかで、徐々に普遍的な概念として定着していく。現在多くの国で戦争犯罪や「人道に対する罪」は時効が適用されない。

裁判否定の論拠

しかし、戦後秩序の形成で画期的であったニュルンベルク裁判は、皮肉なことに歴史修正主義の「生みの親」となる。それはニュルンベルク裁判の結果を受け入れることは、将来にわたりドイツ人が残虐行為の責めを負うことになるからだ。ドイツが国家としての名誉を回復したいのであれば、ニュルンベルク裁判を否定すればよいと考えたドイツ人がいても不思議ではない。その「論拠」は、以下のような点に求められた。

第一に、戦勝国が実施する裁判は、そもそも正当性を欠くという主張だ。戦勝国が、検察官と裁判官を同時に務めることはできないという意味である。

第二に、法的な問題だ。ドイツを裁く根拠となった「平和に対する罪」や、特に「人道に対する罪」の概念は、犯罪が行われた当時は確立していたと言えず、事後法で遡及《そきゅう》的に裁いてはならないとする法の大原則に反するという主張である。罪刑法定主義、つまり犯罪は法に明記されたものだけが犯罪たり得るのであり、そうでなければ犯罪として成立しないという原則をドイツは固持していた。

第三に、道義的な問題だ。英米軍によるドイツの都市への無差別爆撃、ソ連軍による略奪や強姦、東欧からのドイツ人の追放など、連合国側の戦争犯罪が問われることはなかった。これは勝者によるダブル・スタンダードだという。

そして第四に、ニュルンベルク裁判が、思想的にドイツ人の「集団罪責論」に立っているという主張だ。集団罪責論とは、戦争責任は政治指導者だけでなく、一般市民にもあり、その残虐性は民族的な特質だという考えである。ドイツ人全体に罪を帰す思想は、ユダヤ人全体を犯罪者としたナチの人種論と同じではないかというわけだ。

こうした主張の一部には「正当」と言える点がある。連合国の戦争犯罪についてはその通りだ。特にソ連は、ドイツと開戦前にポーランド分割を合意していたにもかかわらず、裁判官の席についていた。これは、相手も同じことをしているのに、どうして自分たちだけが責められるのかという相殺の理論として使われるようになる。

また、ドイツ人のなかにも実際に独裁に抵抗した人や迫害された人がいた。集団罪責論は人々の体験の違いを塗り込めてしまう単純化であり、市民が強く反発したのも理解できる。ニュルンベルク裁判で明らかとされた事実と裁判の結果の否定は、第二次世界大戦に関する歴史修正主義のなかで定型化していく。重要なのは、裁判を否定する論拠に、一部「正当」と見なし得るものが含まれている点である。

歴史修正主義は、砂上の楼閣ではない。完全に根拠のない主張により組み立てられているのではなく、事実も盛り込まれている。単なる暴論ではないと思わせるがゆえに、賛同者が出るのである。

一九五〇年代の萌芽

歴史の修正への欲求は、多くの場合特定の歴史観がある程度社会に根付き、その支配的な言説に対する不満のなかから生まれる。過去の評価が定まっていないあいだは、表には出てこない。

ドイツ敗戦直後の一九四〇年代後半は、歴史の修正がテーマとなる以前の状態であった。むしろナチ時代はそれほど悪くなかったという認識が優勢だった。たとえば一九四八年の世論調査では、ナチズムはよい理念だが実行の仕方が悪かったという意見に約六割の人が賛同し、指導者としてのヒトラーを肯定的に評価する意見は三割を超えていた。人々が体験した過去の姿は、ニュルンベルク裁判で勝者が突き付けたものとは一致していなかったのだ。

ただし終戦直後は、ドイツ人がナチ時代を大きな声で肯定することはできなかった。ナチズムを擁護すれば、連合国主導の「非ナチ化」政策により処罰される可能性があったためだ。

一九五〇年代に入ると、ヒトラー時代の「公的」な解釈が形成されていく。それは、冷戦の展開という当時の国際政治の影響を受けていた。東西対立の最前線に押し出された連邦共和国（西ドイツ）にとり、最大の関心事は西側の安全保障体制に組み込まれることにあったからだ。しかしヨーロッパに二度の戦禍をもたらしたドイツを無条件で同盟に迎えてくれる国はなく、そのためにはドイツ人がまずナチズムと訣別《けつべつ》することが前提とされた。過去を反省し、犠牲者に謝罪する以外に、ドイツが国際社会へ復帰する道はなかったのである。

このため、ヒトラー時代の解釈は明白に政治性を帯びた。一般市民のあいだでナチ時代は全面的に悪しきものとは見なされていなかったが、ドイツはナチズムを克服し、民主主義国家として生まれ変わったという建前の下、国際社会への復帰が試みられる。外に向けた顔と、国民の実態にはギャップがあった。

こうして社会の再建が進み、西ドイツが西側陣営のなかで地歩を固めるのと並行して、ヒトラーを悪の権化とする「公的」な解釈に対抗する言説が登場する。ナチズムにはよい点もあった、その完全な否定は上からの歴史像の「押し付け」であるというのである。

こうした主張は、多くの場合に次のような戦争責任の否定と、犯罪の矮小化・相対化とともに現れた。

戦争に至るドイツの拡張的な対外政策は、不当なヴェルサイユ条約の修正を試みただけであった。ヒトラーに戦争の意志はなく、むしろ和平の構築を試みた。ドイツのソ連侵攻は、ソ連支配下にある諸民族を解放したのであり、終戦前後の東欧からのドイツ人追放は、ドイツの東欧支配より過酷な結果をもたらした。ドイツのユダヤ人政策は、ユダヤ人がドイツに宣戦布告したことに対する自衛であった……。

さらに冷戦の反共ムードは、ドイツは共産主義の脅威から西欧を守ろうとして戦ったとする主張を後押しする。こうした見方では、ドイツの東部戦線は、ヨーロッパの地図を赤く塗り替えるソ連を押しとどめたことになる。ここに「ヨーロッパ文明の砦《とりで》」としてのドイツという、のちのちまで聞かれるスローガンが生まれつつあった。

一九五〇年代に入ると、そうした声が本、雑誌、政治団体の機関紙、東欧を追われたドイツ人の同郷団体のニューズレターなど、さまざまなメディアで、場所で、聞かれるようになる。発信者の大半は実体験としてナチ時代を知る者たちで、なかには著名なナチ信奉者も含まれた。

たとえば、小説家のハンス・グリム（一八七五－一九五九）である。彼は、ヴァイマル時代に『土地なき民』（*Volk ohne Raum* 一九二六年）を書き、ドイツが東方に求めた「生存圏《レーベンスラウム》」の思想的なバックボーンを提供したことで知られる。自身はナチ党員になったことはなかったが、戦後、ナチズムは共産主義からヨーロッパ文明を守るためだったとして熱心に擁護した。
ナチ時代の外相で、ニュルンベルク裁判で死刑となったヨアヒム・フォン・リッベントロップ（一八九三―一九四六）の未亡人アンネリーゼは、亡夫の遺稿を編纂して、『ロンドンとモスクワのあいだで』（*Zwischen London und Moskau* 一九五三年）として出版した。それはまさに、亡き外相の口からドイツの免罪と戦争責任の相対化を図るものであった。

これに飽き足らず、夫人は自ら筆を執って『平和に対する陰謀』（*Verschwörung gegen den Frieden* 一九六二年）など、ドイツの戦争責任を軽減する意図の著作を複数発表する。これらは主にイギリスに第二次世界大戦開戦の責任を帰す、「イギリス悪玉論」である。

アンネリーゼは、そうした活動を「評価」され、一九七三年には極右の文化団体とされる「自由出版協会」（**Gesellschaft für freie Publizistik**）から、中世ドイツの人文主義者の名にちなんだ、ウルリヒ・フォン・フッテン賞を受賞している。

ちなみに、一九六四年の第一回フッテン賞の受賞者は、第二次世界大戦のドイツ無罪論で知られたアメリカ人、第1章で紹介したデイヴィッド・ホッガンであるし、第二回の受賞者は先述したハンス・グリムである。その後の受賞者にも、歴史修正主義者とされる人物は多い。この点からも、この自由出版協会の政治的方向性はおのずと明らかであろう。

2　ナチ、ネオナチの歴史観——ヒトラーに責任なし

ナチ・エリートによる第三帝国史

戦後初期の歴史修正主義の重要な文献に挙げられるのが、ペーター・クライストによる『君もまた関わった』（*Auch Du warst dabei* 一九五二年）だ。クライストは外相リッベントロップと、ナチのイデオローグとして悪名高いアルフレート・ローゼンベルク（一八九三―一九四六）の側近であったエリート親衛隊員である。戦後二年ほど連合軍により拘束されたが、釈放後は主に極右の出版社を中心に言論活動を行った。

『君もまた関わった』は、ナチの東方政策を立案し、遂行した親衛隊員の視点から書かれた第三帝国の歴史だ。実際に犯罪を計画し、実行する現場にいた当事者による歴史である。

この本の意図は、ヒトラーを擁護し、ドイツの犯罪を相対化し、ナチズムの名誉回復を図ることだ。クライストは、著書の冒頭で執筆の動機を明白に述べている。

それは、将来の悲劇の回避に貢献するためだ。この本は、一二年間の第三帝国を、当時われわれが体験したように描き出す目的で書かれている。なぜ何百万人ものドイツ人が、当時「ヤー［イエス］」と言ったのか説明することは重要だ。われわれがヤーと言

ったのは、生き抜くにも困難な暴力の鎖から帝国を解き放つことに対してだった。誹謗中傷と権利の剝奪《はくだつ》から、解き放たれることにヤーと言ったのだ。〔中略〕第二次世界大戦はヒトラーが始めたかもしれないが、その原因の種は、一部は意図的にも、すでに戦争の二〇年前に撒《ま》かれていたと示さねばならない。
（『君もまた関わった』）

クライストの本についてナチ体制の専門家である歴史家ハンス・ブーフハイム（一九二二―二〇一六）は、「ここに書かれていることは、〈たまに歪んだ描写がある〉という程度の話ではなく、全体がドイツ史の意図的な捏造」だと言い切る。ただし、その捏造の仕方は巧妙だ。

ブーフハイムは、本は倫理が欠落しているものの、「極めて明晰な、同時に腐敗した知性と結託している」と指摘する。なぜなら、クライストはきわめて巧妙な正当化を図っているからだ。それは、殺人を殺人と呼ばないことで免罪する裁判官のようだと言う。

たとえば、クライストはヒトラーの戦争に巻き込まれただけの人と、これを計画し実行した人を区別しない。意図的に正義と不正の区別を曖昧にし、「悲惨な出来事」という言い方で行為の主体をぼかし、人によって異なる責任を同じようにならす。

「主語をぼかす」記述は、責任の所在を曖昧にする意図で一般的によく行われる。たとえば、「原爆により二〇万人の犠牲者がでた」と言うときと、「アメリカ軍が投下した原爆により、二〇万人が殺された」と言ったときに受ける印象はかなり違う。文章を受動態にすることで、自然災害のように悲劇が降って湧いたようにも聞こえ、加害者は曖昧なままになる。

言葉の選択——殺害、処刑を「特別措置」に

言葉の選択も同じである。ナチはユダヤ人をポーランドの絶滅収容所などへ移送する際には、「再定住」という言葉を使っていた。また「殺害」「処刑」を「特別措置」などと表現した。言葉と実態のあいだにずれを作ることで、その犯罪性を希釈しようとした。

言葉による印象操作は、過去に対しても行われる。それゆえに、歴史事象に対して後世の人がどのような「名」を与えるかは、きわめて重要である。命名自体に、出来事をどのように提示したいか、またどのように理解したいか、語り手や受け手の意図が反映される。

ナチ体制下でのユダヤ人の体験を、戦後ドイツではどのような言葉で表してきたか見てみよう。

戦後初期は、一般にユダヤ人の「差別」や「迫害」という言葉が用いられていた。しかし、ユダヤ人迫害について歴史の詳細が明らかになってくると、「迫害」という表現では生ぬるいと感じられるようになり、「大量殺害」という言葉が使われ始めた。現在のドイツでは、より歴史の実態に近いという観点からユダヤ人の「絶滅」という言葉が用いられる。学術的な文章では、多くがこの表現を用いる。

クライストによる第三帝国の歴史に戻ろう。クライストによる印象操作は、すでにそのタイトルにも現れている。『君もまた関わった』（*Auch Du warst dabei*）とは、どういう意味なのだろうか。

dabei sein というドイツ語は、まずある場所にいる、居合わせるという意味がある。つまり、ナチ時代を目撃し、体験したという意味だ。そこから、何か具体的な行為に関わるという意味になる。このため、「関与する」「参加する」という、もう少し踏み込んだ訳にもなる。クライストが本のタイトルを通じて言わんとしたのは、ナチ時代をともに生きたという意味で皆そこに居合わせ、暴力体制に関わったのであり、その意味では誰もが共犯であり、逆に言えば誰にも責任がないということなのだ。

彼らの「真実」と「正義」

ウード・ヴァレンディ（一九二七－）による『ドイツのための真実』（*Wahrheit für Deutschland* 一九六四年）も、よく知られた初期の歴史修正主義文献の一つだ。

一九二七年生まれのヴァレンディは、少年として故郷防衛隊に参加し、終戦直前にようやく一兵士として入隊したため、実戦の経験はほとんどない。つまりナチとして活動するには遅く生まれ過ぎた世代だが、ナチ教育を受けたという意味では当事者と非当事者の中間に立つ。

ヴァレンディィは戦後、出版業界に身を置き、「民族と現代史研究のための出版社」を設立、ここから『ドイツのための真実』を出した。これはのちに青少年に対する有害図書に指定されている。海外の歴史修正主義者の著作を翻訳して出版するかたわら、極右政党を拠点として政治活動も行った。

歴史修正主義が満載された『史実』（*Historische Tatsachen*）というニューズレターを一九七五年より発行し、それゆえ本人は、第6章で述べる「民衆煽動罪」で何度か告訴されている。

ヴァレンディィの『ドイツのための真実』は、次のように始まる。

> 客観的な議論が、平和を構築するための前提となる。ただし客観性は、歴史のなかに根づいていなくてはならない。国民の過去を捏造する者は、客観的でも正直でもなく、信頼を欠き、人々に平和も正義も保障することはできないだろう。どのような政治的意図があるとしても〔中略〕、歴史家は過去と未来のために、今後も揺らぐことない歴史的真実を求め、見つけ、主張し、踏ん張らねばならない。政治的な意図の判決を無批判に繰り返したり、重要な文書を隠蔽しても、平和と人類の存続に欠かせぬ客観性に貢献することはない。今やこの世界で真実ほど危険にさらされているものはない！　過去と未来が、戦争責任をしっかりと明らかにせよと求めている。
>
> （『ドイツのための真実』）

これだけを読むと、歴史修正主義に抵抗する本のようにも見える。しかしこの後に続くのは、よくある第一次世界大戦以来のドイツ無罪論と、ヒトラーに戦争の意志はなかったという免罪論である。

ヴァレンディィの本の特徴は、「真実」という言葉の多用である。これは歴史修正主義者の特徴でもある。歴史の「真実」と「事実」の違いは序章で述べたが、歴史修正主義は歴史の「真実」が実際に存在し、これが歪められているという前提に立つ。「事実」より「真実」が上位に置かれるのは、自らを真理の探求者として、単なる事実関係の解明者、つまりは歴史家より高く位置付けるためであろう。

また、ヴァレンディィに見るように、歴史修正主義者は自身の主張はあくまで「客観的」であると主張する。ただし彼らの「客観性」は、相手を批判する手段としてのみ使われ、自分の主張を客観的とするに足る根拠は示されない。

さらに、「真実」「客観性」などとともによく登場するのが、「正義」(Recht/Gerechtigkeit) である。歴史修正主義には政治的に正しいとされる言説への拒否感だけでなく、権力によって自分たちに不正が行われ、「正義」が損なわれているという認識が共通する。このため歴史の修正は倫理や道義の問題とされ、一種の抗議として位置付けられる。誤った支配的言説に対して立ち上がり、これを打破するという「使命」が語られるのだ。

このため議論は「倫理」を通して展開される。正しき歴史を知ることは、国民の、民族の将来の問題である。歴史の喪失は、アイデンティティの喪失である。国家として生き残るためにも、民族の歴史を自らの血と肉とせねばならない——このように未来形の問題として歴史の修正の必要性を訴えることにより、本来その歴史的出来事と関係のない若い世代を引きつけていく。現に一九六〇年代以降、当事者ではなかった若い世代が修正主義者の陣営に加わっていく。

ネオナチズムという温床

一九五〇年代、歴史修正主義言説のプラットフォームは、一九五一年に創刊された『ナツィオン・オイローパ』（*Nation Europa*）や『ドイツ兵士新聞』（*Deutsche Soldaten-Zeitung* のちに『ドイツ国民新聞』に改称）など、極右の雑誌や機関誌であった。グラベルト出版社など、元ナチが経営する小規模な出版社も複数あった。

ナチ体制なき後もナチ的世界観を支持する者は、「ネオナチ」、つまり「新しいナチ」と称された。古参のナチは連合国の非ナチ化政策により処罰されるか、再教育を受け転向したことになっていたからだ。しかし現実には、彼らは「元ナチ」どころか、多くは戦後も本物の「ナチ」であった。

一九五〇年代に入る頃に、こうした集団が政治的に組織され始めた。一九四九年にナチ党の後継ともいえる「社会主義帝国党」（ＳＲＰ）が結成された。党員のほぼすべてが元ナチ党員で連続性は明白であったが、一九五一年の地方選挙ではニーダーザクセン州で第四党となるなど、無視できない勢力だった。一九五〇年には「ドイツ帝国党」（DRP）が生まれ、これを母体として、六四年に現在まで続く極右政党「ドイツ国民民主党」（NPD）が誕生する。こうしたネオナチ集団が、歴史修正主義の発信源となっていた。

そのなかに戦後のネオナチズムの代表的な人物、オットー・エルンスト・レーマー（一九一二-九七）がいた。国防軍の指揮官で、一九四四年のヒトラー暗殺未遂事件を鎮圧したことで知られる。レーマーは終戦時にアメリカ軍に投降し、二年ほど拘留されたのち、社会主義帝国党の設立に関わり、その副代表を務めた。

レーマーのナチズム礼賛や反ユダヤ主義は戦後トーンダウンせず、一九五二年にはナチ犠牲者の名誉を傷つけたとして、三ヵ月の禁固刑を受けている。レーマーはユダヤ人国家イスラエルを敵と見なすエジプトで軍事顧問を務めた経歴もある。

レーマーは最後まで確信的なナチで、政治的に転向することはなかった。自ら発行する雑誌『正義と真実』などで、歴史修正主義とホロコースト否定を発信し続けた。時代は下り、一九九二年にすでに八〇歳を超えていたレーマーに対し、憎悪を煽《あお》って人々を煽動《せんどう》したかどで二二ヵ月の禁固刑が下ると、今度はスペインに逃げ、バルセロナから歴史修正主義のニューズレターを発行したほどである。

一九五〇年代のドイツ社会は、ナチ時代からの明白な連続性の上にあった。大半のドイツ人はナチズムへの政治的評価を受け入れていたものの、社会の隅々でナチの潮流が見え隠れしていた。

たとえば、一九四九年に右派政治家、ヴォルフガング・ヘートラー（一八九九－一九八六）が「ユダヤ人を毒ガスで殺す手法が適切であったかどうか、意見の分かれるところだ。ひょっとすると彼らを始末する別の方法があったかもしれない」と公言して裁判になるも、翌年に元ナチ党員の裁判官により無罪放免された。

同じ頃、戦前・戦中に反ユダヤ・プロパガンダ映画で知られた映画監督、ファイト・ハーラン（一八九九－一九六四）が非ナチ化裁判で無罪となり、歓喜する支持者に囲まれて退廷した。これに世論が憤慨し、監督の新作映画のボイコット運動が起こっている。

他方で、ネオナチと極右の受け皿として勢力を拡大していた社会主義帝国党が、ドイツ憲法である基本法が掲げる民主主義的な基本秩序を脅かすとして、一九五二年に違憲判決を受け解体された。翌一九五三年には、ネオナチが国家転覆を画策しているとして、イギリス占領当局が複数の元ナチ幹部の逮捕に踏み切っている（ナウマン事件）。

拡散の防波堤となったものは

一九五〇年代から六〇年代のドイツ社会はナチズムの遺産と格闘していたが、イデオロギーとしての歴史修正主義は大きな勢力を形成するには至らなかった。その理由は何だろうか。

まず、市民の大半がナチズムの復活も、その礼賛も望まなかったからである。たしかにニュルンベルク裁判には多くの問題があったと市民は考えていたが、人々は過去への郷愁より、経済復興がもたらす生活の安定を志向した。物質文化を享受できるようになった国民には、歴史の書き替えも、イデオロギーも、差し迫って重要ではなかったのだ。

それ以上に大きな影響を与えたのは冷戦だった。西側の軍事同盟のなかで国際復帰を果たすという上からの既定路線が、歴史修正主義の過剰な政治勢力化を押しとどめた。つまり、冷戦の最前線にあっては国の安全保障が最重要であり、同盟国が懸念する「ナチズム復活の兆候」はできるかぎり抑え込み、対外的には過去と断絶したと強調する必要があった。しかし内政では、ナチズムから脱却できていないことは明らかであった。

このため、戦後ドイツの基礎を創った保守系のキリスト教民主同盟（CDU）のアデナウアー政権は、右も左も広く社会に統合し、政治色の薄まった多数派を創り出すことによって、ネオナチ・極右・極左などの逸脱者を周縁化していこうとする。穏健な社会では極端な勢力は好まれない。

歴史修正主義者と極右の政治勢力は多くの場合に重なったため、歴史修正主義は極端な集団の極端な主張と位置付けられるようになった。また、こうした主張を広める媒体が一部の極右メディアに限定されたことも主流化を防いでいた。

法的な規制も重要な役割を果たした。基本法は、民主主義的な憲法秩序に反する団体を禁止した。ナチ党の再結成が不可能なのは言うまでもない。同時にナチ・プロパガンダの流布や、鉤十字などのナチ・シンボルの使用も刑法で禁じられた。ホロコーストの死者を冒瀆《ぼうとく》するような言動も禁止されている。

これに加えて、一九六〇年には特定の民族・宗教集団などに対して憎悪を煽り、暴力を誘発し、侮辱・中傷により人間の尊厳を傷つける行為を禁じる「民衆煽動罪」が設けられた(第6章で詳述)。こうして、徐々にナチ的な言動や悪質な歴史修正主義言説を制裁する社会的な規範が形成されていく。

このように、戦後のドイツで歴史修正主義の拡散の防波堤となったのは、必ずしも歴史的「真実」への探求心や、歴史の歪曲を許さないといった倫理観ではない。むしろ、ドイツが置かれた国際情勢と、それに対応するためにつくられた法的・政治的規範である。いわば、上から歴史解釈の規範が示され、これが法規制によって補強され、歴史修正主義が抑え込まれたのだ。

3　フランスでの台頭——最初のホロコースト否定

ホロコーストとは何か

ドイツよりも早く、また終戦から時間を置かず、第二次世界大戦やホロコーストについての歴史修正主義が登場したのは実はフランスだった。フランスの状況について説明する前に、ここでホロコーストとは何であったかあらためて確認しておこう。

ホロコーストとは、ナチ・ドイツとヨーロッパ各国の協力者により組織的に行われたヨーロッパ・ユダヤ人の殺害のことをいう。

一九三三年一月にヒトラー政権が成立するとドイツ国内のユダヤ人の抑圧・迫害が始まるが、当初政府は移住や追放により「ユダヤ人問題」を解決しようと目論み、ユダヤ人の物理的な「抹消」を具体的に計画していたとまではいえなかった。

しかし、一九三九年九月にドイツのポーランド侵攻により第二次世界大戦が始まり、ドイツが近隣諸国を占領していくなかで、ユダヤ人迫害はヨーロッパ規模に拡大していく。ドイツ支配地域ではユダヤ人がゲットーや強制収容所に送られ、強制労働を強いられ、飢えに苦しむようになる。

ユダヤ人の「絶滅」という意味でのホロコーストの始まりは、一九四一年六月の独ソ戦の開始にある。前線に展開するドイツ軍の背後で、親衛隊員などで構成される銃殺部隊(行動部隊《アインザッツグルッペン》)がユダヤ人ら民間人の虐殺を開始した。一九四一年の夏以降に、ヒトラーは文書ではなく、口頭でユダヤ人の絶滅命令を下したと考えられている。

一九四二年一月、ベルリン近郊のヴァンゼーで会議が開かれ、ホロコーストの実行について現場の担当官らが話し合い、調整している。この時点で「ユダヤ人問題の最終的解決」とは、絶滅を意味するようになっていた。

この後、ポーランドのユダヤ人を抹殺する「ラインハルト作戦」が始動し、トレブリンカやソビブル、ベウジェツ、アウシュヴィッツなどの絶滅収容所が建設され、ガスによる大量殺害が始まった。

一九四五年五月にドイツが無条件降伏するまでに約六〇〇万人のユダヤ人が殺害され、ソ連を除いた東欧諸国のユダヤ人社会はほぼ壊滅した。

なぜフランスなのか

フランスが戦後初期に、歴史修正主義とホロコースト否定の発信源となったのには、いくつか理由がある。

第一に、一九四〇年にフランスがドイツに敗北した後、ドイツの傀儡《かいらい》であるヴィシー政権が発足し、国家的な対独協力が行われたことである。対独協力者《コラボ》の民兵がドイツ占領機構の手足となり、一部の市民がユダヤ人の排除に手を貸した。このためナチの免罪は、ドイツに協力した自分たちの免罪を意味した。

第二に、フランスには長い反ユダヤ主義の伝統があったことである。歴史修正主義と反ユダヤ主義が結びつくことはすでに指摘したが、フランス右派の土着の反ユダヤ主義は、フランスがユダヤ人により支配されていると繰り返し主張してきた。ヴィシー政権下では、現地警察がイニシアチブを取ってユダヤ人の一斉摘発を行い、強制収容所へと移送していた。

第三に戦後フランス政治は、「レジスタンスの神話」に立脚していたことである。第6章で詳しく述べるが、フランスでは市民が一丸となってドイツの支配に抵抗したという「神話」が、戦後広まった。実際には、対独協力者とナチ支配から個人的な利益を引き出そうとしたフランス市民の境界は曖昧だったが、「神話」はド゠ゴール派による国民統合の手段として使われた。

こうした屈折した歴史が、フランスの歴史修正主義の背景にある。ここでは、戦後初期の歴史修正主義者として名前が挙がる二人を見てみよう。

バルデシュ——強制収容所の否定

まずモーリス・バルデシュ（一九〇七–九八）である。ジャーナリストで文芸批評家であり、ソルボンヌ大学で教えたこともある。フランスのファシズムの潮流に位置付けられる人物で、極右団体アクシオン・フランセーズの雑誌『ジュ・スィ・パルトゥ』(*Je suis partout*) の編集者であった。対独協力者として処刑された作家ロベール・ブラジヤック（一九〇九–四五）は義兄にあたる。自身も対独協力者として死刑判決を受けたが、恩赦で刑の執行を免れた。

バルデシュは戦前からファシズムに傾倒していたが、戦後は敬愛したブラジヤックの処刑と、フランスで繰り広げられた対独協力者の「粛清」が、ナチ犯罪の否定と戦後体制の拒否に向かわせたようである。

バルデシュは、『ニュルンベルクあるいは約束の土地』（*Nuremberg ou la Terre promise* 一九四八年）のなかで、ニュルンベルク裁判の正当性を否定する。第二次世界大戦の責任は主にユダヤ人であり、彼らは自らの罪を隠蔽するために、連合軍と共謀して強制収容所を捏造したという。強制収容所について証言する者は、多くの場合ユダヤ人か共産主義者であり、信用できないともいう。

また、対独協力を正当化する意図で、第二次世界大戦中にユダヤ人は六〇〇〇万人も死んでいないと主張した（もっとも八〇万～九〇万人は「病死した」と認めた）。さらに、ヒトラーが「最終解決」を命じた文書がないことを理由に、総統はホロコーストについて知らなかったとも言った。そして自分はドイツを弁護しているわけではなく、「真実」を守ろうとしているに過ぎないと開き直った。

バルデシュは著書で虐殺を擁護したという理由で、一九五二年に一年の禁固刑と五万フランの罰金を科されたが、有力政治家の力添えで恩赦となり、数日収監されたのち釈放されている。

強制収容所体験者が歴史を否定

バルデシュとともにフランスの歴史修正主義の源流とされるポール・ラスィニエ(一九〇六−六七)は、多少毛色が異なる。ファシズムの流れをくむバルデシュとは対照的に、ラスィニエはレジスタンスに参加した社会主義者で、共産主義者で無政府主義者であった時期もある。このためドイツのブーヘンヴァルトとドーラの強制収容所に送られた経験を持つ。

ラスィニエは『戦線を越えて』(*Passage de la ligne* 一九四九年)や『オデュッセウスの嘘』(*Le Mensonge d'Ulysse* 一九五〇年)などで、強制収容所の実態を極端に歪曲する主張を展開した。

彼によると、強制収容所では囚人のなかから選ばれる監視役である「カポ」が最も残忍で、むしろドイツ人の親衛隊員は人道的ですらあったという。また、ドイツ人が強制収容所の実態を知らなかったのは当然だという。なぜなら、収容所の「門の前で夜通し見張りに立っていた親衛隊員でさえ、なかで起こっていたことにほとんど何も気がつかなかった」からだとする。

ラスィニエは、フランスの「ホロコースト否定論」の始祖とされる。ホロコースト否定論については、次章で詳しく見るが、なぜ社会主義者ラスィニエは、歴史修正主義者に転じたのか。

一説には、強制収容所で彼が共産主義者から受けた暴力に原因があるとする見方がある。

彼は、反スターリン主義者でもあり、ソ連の強制収容所はナチのそれと同質であると考えていた。実際、政治犯が多く収容されていた場所では、囚人の間でも政治的方向性の違いにより支配や対立があった。誰もが生き残るために強制収容所内の小さな特権を争うなか、囚人同士の不仲は直接死につながることも珍しくなかった。

このためラスィニエにとって共産主義者の囚人の方が、親衛隊員より危険であった可能性は否定できない。ただし、それはラスィニエにとっての現実であったかもしれないが、強制収容所の支配構造の全体像ではない。しかしラスィニエは、「私にとっての真実」を基準にすべてを解釈した。

『オデュッセウスの嘘』のドイツ語版が一九五九年に出ると、ラスィニエは熱狂的に歓迎され、翌年ドイツ各地を講演して回り、次のように述べたという。

「この恐怖と残虐に関し、一つは確かだ。ドイツの人々に責任はない。まったく、責任はない」

もちろん人間の行為に対する責任には、関与の程度により違いがある。権力者と、末端で命令を受けた兵士では、同じことをしても責任が違う。悪意があったのか、なかったのかでも異なるだろう。こうした違いをすべて無視し、意図的に「白か黒か」、完全に有罪でなければ完全に無罪であるという二元論にして、責任を否定する。

ラスィニエのドイツ無罪論は、最終的には次のような言葉に集約される。

「人間は、常に無罪だ。仮に、自発的にも『われわれはみな殺人者だ』と認めたとしよう。私の意見では、この告白は、われわれはみな無罪であるという深い信念と不可分である」(Florent Brayard, *Comment l'idée vint à M. Rassinier*)

ここに至っては、ラスィニエの歴史修正主義には、もはやいかなる「論」も存在しないと言ってよい。

体験者の証言と事実

ラスィニエの思想に一貫性があるとは言いがたいが、その語りで注目すべき点が一つある。それは、自身も強制収容所の生き残りであるにもかかわらず、囚人たちの証言を否定し、証言者を嘘つきと攻撃したことだ。

ラスィニエは、ドイツ人の親衛隊員は人道的であったという、自身の「真実」を守るために、ブーヘンヴァルト強制収容所に収容されていた者たちの証言を否定した。そのなかには、ナチの強制収容所システムを分析した『SS国家』(*Der SS-Staat* 一九四六年)で知られるジャーナリスト・政治学者のオイゲン・コーゴン(一九〇三－八七)もいた。コーゴンは新聞や雑誌で精力的にナチの不正を告発したのみならず、いくつかの裁判にも証人として出廷している。

歴史修正主義者が、体験者の証言を否定することはよくある。わが国でも、慰安婦や南京事件の証言を「捏造」だとして、証言者に攻撃が加えられてきた。体験者の記憶の齟齬《そご》をあげつらい、偽証であるといった中傷が繰り返されてきた。

体験者の証言を否定する理由はもちろん、体験者がまさに生きた「証拠」であるからだ。法廷に立ち、加害者の免罪を許さない体験者たちは、歴史修正主義者には実に厄介な存在だ。しかし、その発言を封じることはできないため、彼らの証言者としての「資格」を剝奪しようとする。体験者は「嘘つき」であるゆえに信用できず、証言を真に受けることはできないというわけだ。

歴史の証拠としての証言の否定――これは歴史記述の核心に関わる。

そもそも人間は忘却する。記憶は選択的で、特定の事柄は鮮明に覚えていても、重要でないことはすぐに忘れられる。思い違いもある。当事者としては当時知りようがなかった情報が、事後に記憶に書き加えられることもある。こうして記憶は補強され、もしくは修正され、時間が経つと体験としての記憶と、後付けの記憶は混然一体となり区別できなくなる。

記憶が本質的に不安定で可変的であることから、歴史学は証言を証拠として採用することに躊躇してきた。いまでこそ歴史の研究でもオーラルヒストリーという分野が確立し、戦争の証言などが組織的に収集されている。だが、書かれたものに対する語られた言葉の劣位は、半ば当然視されてきた。実証史学は、文書が残っている場合は必ず文書を優先的に採用してきた。戦後の軍事裁判も、ナチ犯罪を証言できる人は数多くいたが、むしろ文書を優先したのである。

歴史における「証拠」とは何か

語られた言葉だけではない。ニュルンベルク裁判を否定する者たちは、採用された証拠のなかに、「捏造」された証拠が含まれていると主張した。冤罪事件がそうであるように、裁判に提出された証拠のなかに捏造されたものが混じっていると、訴え自体に疑念が生じる。結果として、訴えが差し戻されたり、却下されたりすることもある。

では、ニュルンベルク裁判では証拠はどのように扱われたのだろうか。

ニュルンベルク憲章の第一九条は、証拠に関する条項である。裁判所は、可能なかぎり迅速に手続きを進めるために、形式的な規則に拘泥《こうでい》せず、証拠としての価値を持つと思われるものは採用するとしている。そのうえで第二一条には、次のようにある。

「裁判所は、公知の事実（facts of common knowledge）については、証明を求めることなく、これを裁判所に顕著な事実と認める（take judicial notice）」。

ここで、「公知の事実」という言葉が重要である。法律で公知の事実とは、一般の人でも当然知っている事柄を指し、裁判で立証する必要がない。たとえば、太陽は東から昇るといったことだが、歴史的な出来事などもこれに含まれるとされる。そして「裁判所に顕著な事実」とは、裁判所が客観的に明白だと見なす事実のことをいい、これも証明を要しない。

ニュルンベルク裁判で連合国は、ドイツにより巨大な犯罪が行われたことを、証明する必要のない事実と位置付けた。実際、裁判が開廷した一九四五年秋の時点は、犯罪の痕跡は眼前に存在していた。強制収容所の死体の山は、まさに証拠以外の何物でもなかった。これらが起こった事実を「証明せよ」と言う方がばかげているだろう。

それだけでなく、ナチ国家が証拠となり得る記録を多く残していた。終戦間際、犯罪の痕跡を消すために破壊された文書もあったが、幸いにもドイツ人は報告書を作ることには熱心であり、すべてを消し去ることはできなかった。

揺れる「公知の事実」

興味深いのは、ナチ犯罪は連合軍による「捏造」であったと裁判の後に言われないように、軍の撮影班が強制収容所の解放時の記録映像を撮っていたことだ。

アメリカ軍はブーヘンヴァルトやダッハウなどの強制収容所を、イギリス軍は北ドイツのベルゲン・ベルゼン強制収容所を、八ミリカメラで撮影している。同時に大量の写真も撮っている。これらの映像から、『ナチ強制収容所』（*Nazi Concentration Camps* 一九四五年）や『死の挽き臼』（*Death Mills* 一九四五年）などのドキュメンタリーがつくられ、ニュルンベルク裁判で証拠として上映されている。

撮影の意図は、第一に戦犯裁判のための証拠集めであったが、現地の惨状は実際に目撃した者でなければ信じがたいと思われ、これらがのちに「捏造《フェイク》」と言われないように、映像として記録することにしたのだ。このためフィルムの冒頭部分に、映像にはいかなる加工も捏造もないことを証する「宣誓供述書」が付けられている。宣誓供述書とは法的な効力を持つ文書であり、内容が事実であることを宣誓し公証するので、偽証があると処罰される。つまり、強制収容所の映像は証拠としての法的効力を持つと位置付けられている。

しかし、歴史的な出来事はどの程度まで「公知の事実」と言えるのか。出来事が起こった当初は誰もが当然の事実として受け入れていたとしても、時間が経てば事実は体験に基づくものではなくなる。終戦当初は、犯罪の事実はあまりにも歴然としていたが、後でその存在を疑問視する人が出てきても不思議ではない。もしくは疑念を差し挟む余地を、事実の否定の手段にしようとする人がいるかもしれない。実際、強制収容所の写真や映像にある死体の山は捏造だと言う声は、早くから上がっていた。

さらには、「公知の事実」に対する認識が、時代を超えて普遍的であるとも言いがたい。政治体制が代わって、突如として「公知の事実」がその地位を剝奪された例は少なくない。たとえば、第二次世界大戦中にポーランド人将校らが大量に殺害されたカティンの森事件は、ソ連では長くドイツ軍の犯罪とされた「公知の事実」だった。ソ連の仕業と早くから指摘してきたドイツに対して、悪意ある言いがかりだと否定してきた。しかし、実際にはソ連が行ったことは、現在ではロシアの国会でさえも認めている。

つまり、歴史に関する「公知の事実」は実際には相対的なものなのだ。歴史的出来事を「公知の事実」とするものは、人々の歴史意識とともに、出来事の政治的・社会的な位置付けである。

「捏造論」が意図するもの

では、歴史はどうすれば証明できるのか。

序章で見たように、歴史的な証拠によってである。文書、写真、証言、考古物など多数ある。しかし、こうした証拠がいくら存在しても、「証拠を示せ」と繰り返す人がいる。「それは捏造だ」と主張するが、それが本当に捏造である証拠は示さない人もいる。

本来、歴史事実の「捏造」を主張する側が、自説の正しさを立証すべきであるのに、疑いをかけられた側が、「捏造でない」ことを証明せねばならなくなる。相手の主張を「でっちあげ」と決めつけることにより、証明の責任を相手の側にすげ替える。立証責任を負わされた側は、劣勢にも見えてしまう。

こうした心理的影響は、実際には無視できない。人はそれまで事実と信じていたことが「事実でないかもしれない」可能性を示唆されると動揺する。疑念が生まれると、水紋のようにじわじわ広がっていく。こうして徐々に歴史事実は、相対的なものへと格下げされていく。

また歴史修正主義では、「繰り返す」という行為が鍵となっている。最初は、到底信じられないと感じたことも、繰り返されると、自分の印象が正しかったのか不安になる。

つまり、歴史修正主義者は、人々に認識の「揺らぎ」を呼び覚ますことを意図している。実際には明らかに白に近いものと、明らかに黒に近いものがあるにもかかわらず、その差が曖昧にされ、学術的な知見に基づいて構築された歴史解釈が骨抜きにされてしまうのだ。こうして、長い時間をかけて形成されてきた社会の合意が浸食されていく。社会が歴史的事実と位置付けてきたものの地位は、それほど堅牢ではない。

これが歴史修正主義の目的である。次章では、その具体例をホロコースト否定を例に分析しよう。

第3章　ホロコースト否定論の勃興——一九七〇〜九〇年代

一九七〇年代に入り、歴史修正主義は明白にホロコーストの否定、もしくは矮小化を行うようになった。「アウシュヴィッツにガス室はなかった」「ホロコーストの死者数六〇〇万人は誇張である」「ユダヤ人はドイツから補償金を搾り取るためにホロコーストを利用する」などの主張である。

こうした言説は欧米では歴史修正主義ではなく、「ホロコースト否定論」(Holocaust denial/Holocaustleugnung/négationnisme) と呼ばれ、こうした主張をする者は、「ホロコースト否定論者」(Holocaust denier/Holocaust-Leugner/négationniste) と呼ばれる。

1　起源と背景——反ユダヤ主義の政治的表現

歴史修正主義と何が違うか

なぜホロコースト否定論を「歴史修正主義」と呼ばないのか。それは彼らの主張が歴史の再検証とは無縁だからだ。

既存の歴史を新しい史料や視点から見直し書き直していくことは、学術的な営みだ。これまでになかった分析概念が登場したり、政治力学が変化したりすることで、歴史像が修正されることがある。これは序章ですでに述べた。歴史記述が修正された結果、従来の歴史像が新しいものにとって代わり、これが定着することもある。つまり、歴史の修正に十分な理由がある場合もある。

他方、否定論は史実を歪曲し、否定するためだけの理論であり、科学的な根拠はない。あえて言えば、その根拠は歴史事実を「疑っている人がいるから」に尽きる。

たとえば「AはBである」という一般的に受け入れられている事実があるとする。ここで否定論者は、「AはBでない可能性があると主張する人もいる」という理由で、「AはBではない」と結論付ける。こうした論法が不誠実であることは言うまでもない。

ところがホロコーストを否定する者たちは、自ら「歴史修正主義者」を名乗り、自分たちは「歴史の解釈の一つ」を提示していると主張する。このため欧米でも、ホロコースト否定論が登場した当初は、「歴史修正主義」と呼ばれていた。第一次世界大戦後の戦争責任論や、第二次世界大戦後のドイツ無罪論の延長線上にあるものと考えられていた。

しかし、徐々にそれまでの歴史修正主義の枠組みに収まらない悪意ある言説と理解されるようになった。合理的な思考や学術とはほど遠いゆえ、「歴史修正主義」の名にも値しないという意味で、区別されるようになる。つまり、歴史的根拠を欠き、特定の集団の名誉や記憶を傷つける言説に「否定論」という名を与え、歴史の記述と区別する枠組みを作ったのだ。

第6章で具体的に見るが、現在ヨーロッパの半数ほどの国がホロコースト否定論をヘイトスピーチ（憎悪に基づく言論）として法規制の対象としている。時には学術の範疇に入ることもある歴史修正主義と、根拠のないホロコースト否定論を切り離したことで、こうした規制が可能となるのだ。

他方、日本では「歴史修正主義」という概念の幅はかなり広い。学術的な再検証から、根拠を欠く「トンデモ論」の類いまで含まれる。たとえば、「南京虐殺は中国共産党による捏造である」「慰安婦はみな娼婦であった」などの言説は、欧米社会がホロコースト否定論に当てはめる基準からすると、明らかに否定論の分類に入る。しかし、歴史修正主義と否定論の明白な区別がないため、意図的に歪曲された歴史像が一つの歴史言説として社会の一部で流通している。

実際にはどこまでが歴史修正主義で、どこから否定論になるかを判断することは難しい。ホロコースト否定論でさえまったく荒唐無稽なものは少数であり、実際には巧妙に真と偽を織り交ぜて組み立てられている。詭弁《きべん》であることは明らかでも、論破するには時間と労力がいる。

このため、一九七〇年代に欧米社会でホロコースト否定論が登場してから、社会的に断罪されるようになるまでには長い道のりがあった。

なぜ一九七〇年代に現れたか

ホロコーストを否定する本やパンフレットの出版は、一九七〇年代前半に北米とヨーロッパでほぼ時を同じくして始まる。当初はごく一部の人々による奇を衒《てら》った見解としてほとんど相手にされていなかったが、メディアの関心を集める裁判が続き注目されるようになる。その結果、一九八〇年代にその存在が広く知られていく。

ホロコースト否定論に共通する論点がいくつかあるが、概《おおむ》ね以下のようなものだ。

- ユダヤ人の犠牲者数の下方修正(六〇〇万人も死んでいない)
- 毒ガスによる殺害の否定、もしくはガス室の存在の否定(アウシュヴィッツにガス室はなかった)
- ホロコーストの原因を犠牲者側に転嫁(ユダヤ人がドイツに戦争を仕掛けた)
- シオニストによるホロコーストの政治利用(イスラエルは「嘘」でドイツから補償金を搾り取る)

これらの論の特徴は、反ユダヤ主義と人種主義《レイシズム》が明白であることだ。人種主義とは、人を特定の人種集団に分類し、優劣をつけて他者化する思想だが、歴史の否定により反ユダヤ主義や人種偏見が表現される。歴史の実像がどうであったかが問題ではなく、ユダヤ人への反感やイスラエルという国家の拒絶など、現在の政治的な関心が動機となっている。したがって、表面的には歴史の問題であっても、本質はそこにはない。

では、ホロコースト否定論はなぜ一九七〇年代に登場したのだろうか。

まずは世代交代である。戦争体験者が退場し、戦後世代が社会の主流となり、多くの国が一九六〇年代末の学生運動による騒乱と、社会変動を経験した。各国で若者の批判は保守的な親世代の歴史認識に向かった。特にドイツの学生運動では、祖父や父親たちのナチズムへの関与といかに対峙するかが中心的なテーマとされた。このため、若者たちの新しい政治志向を好まない人たちが、問題となる過去を矮小化し、否定しようとしたのである。一種の自己防衛だ。

次に国際的な要因である。それは一九六七年の六日間戦争（第三次中東戦争）におけるイスラエルの勝利である。この戦争でイスラエルは六日という短期間でエジプト・ヨルダン・シリアなど周辺地域を制圧し、東エルサレムを支配下に置いた。小国イスラエルの勝利は、聖書のなかで巨人ゴリアテを知恵で倒す若きダビデに譬えられた。続く一九七三年のヨムキプール戦争（第四次中東戦争）でも勝利し、イスラエルの軍事強国化が鮮明となった。

ホロコーストで行き場を失った難民を受け入れて誕生した国が、三〇年も経たないうちに中東の勢力地図を塗り替えた事実は、ユダヤ陰謀論の支持者にはシオニストによる世界支配の筋書き通りに思えた。ユダヤ人はホロコーストという「嘘」を使ってイスラエルを建国し、ドイツから補償金を搾り取り、パレスチナ人を抑圧し、シオニストの世界支配が完成するというわけだ。イスラエルがパレスチナ人に対して行っていることは、ナチがユダヤ人に対して行ったことと本質的に同じであるという、「シオニスト＝レイシスト＝ナチ」という考えも登場する。

先に触れたようにホロコースト否定論は北米とヨーロッパでほぼ同時に現れたが、地域的な特質がある。たとえば、アメリカ、カナダなどでは、明白に人種主義的な性格が強い。これは、多民族、多人種の移民国家であることが関係している。他方、ドイツやフランスなどナチズムの当事国であったヨーロッパでは、表面的には歴史の問題として提示される。

地域的な特色は、少なからず各国の法制度の影響を受けている。アングロサクソン系の国では「表現の自由」を重視する法的伝統がある。特にアメリカでは表現の自由は不可侵とされる。悪しき意見にも発言の自由は認められねばならないという前提があり、ホロコースト否定論を支持するかどうかは個人の自由となる。

これに対して大陸のヨーロッパ諸国では、特定の集団に関係する歴史の否定は人種主義の表現とされ、こうした言動は刑事罰の対象とされる。そのため、ヨーロッパのホロコースト否定論者は、あくまで歴史の記述が問題だと主張するのだ。

こう。では、どのような人物や団体が、ホロコースト否定論を唱えてきたのか、具体的に見ていこう。

『六〇〇万人の詐欺』――A・アップ

一九七三年にドイツ系アメリカ人の大学教授オースティン・アップ(一九〇二―八四)が、『六〇〇万人の詐欺』(*The Six Million Swindle*)というパンフレットを出版する。アップの専門は中世の英文学だが、戦中はドイツ系アメリカ人団体の会長も務めたナチ信奉者であった。世界支配を企むユダヤ人によりドイツが不当な扱いを受けているという理解から、第二次世界大戦とその余波について自説をまとめたのが、このパンフレットである。

パンフレットの「詐欺」とは、ホロコーストで六〇〇万人が殺されたという「嘘」をイスラエルがでっちあげ、西ドイツから補償金を詐取しているという意味である。一九五二年にイスラエルは西ドイツと補償協定を結び、総額約三〇億マルクの支払いに合意したが、その根拠となる歴史事実は存在しないとする。アップは、実際に死亡したユダヤ人はいたが、彼らは実はソ連人により殺されたと主張する。しかしソ連に請求できないため、ドイツに補償を要求したという。

ユダヤ人はドイツ人から金を搾り取るためにホロコーストを利用するという言説は、狡猾《こうかつ》なユダヤ人が無垢《むく》なキリスト教徒をだますという、ヨーロッパの伝統的な反ユダヤ主義の焼き直しである。ホロコースト後、この「金にがめついユダヤ人」というステレオタイプは、もっぱらユダヤ人への迫害を正当化するために持ち出される。つまり、「迫害される側にも理由があった」という論法である。

アップの主張には、ひとつ明白な間違いがあった。ドイツが支払った補償金は、ホロコーストにおけるユダヤ人の「死」を理由に算出されたのではなく、イスラエルに移住したホロコースト生存者を受け入れる費用として、移民の数から算出された。イスラエルはホロコーストでの「死」が金銭で償われる考えを断固拒否した。死者の数は補償自体とは無関係だったのだ。

『本当に六〇〇万人が死んだのか?』――R・ヴェラル

一九七四年にはイギリスのネオナチ、リチャード・ヴェラル（一九四八―）がリチャード・ハーウッドという偽名で『本当に六〇〇万人が死んだのか?』(*Did Six Million Really Die?*)というパンフレットを出している。彼はイギリスのファシスト政党、イギリス国民戦線のメンバーで、ネオナチ雑誌『スピアヘッド』の編集者でもあった。

パンフレットの内容は、いまや古典的なホロコースト否定論とも言えるものだ。たとえば、ユダヤ人の犠牲者数が、第二次世界大戦当時ヨーロッパにいたユダヤ人の数より多い、戦犯裁判の供述は拷問で得られたので無効である、『アンネの日記』は捏造であることをニューヨークの裁判所が認めた、といったものである。

このパンフレットの根底には、ナショナリズムや人種主義が危険視されるようになったのはホロコーストのせいだという考えがある。ホロコーストさえなければ、ナチズムは特に悪い思想ではなかったというわけだ。ヨーロッパに求められるのは人種的に均質かつ純粋な国家であり、戦後当然視されるに至った人種平等論こそが諸悪の根源であるという。

ヴェラルは言う。「アングロサクソン系の国では、特にイギリスとアメリカは、史上最も深刻な危機に直面している。それはわれわれのなかに異人種が入り込むという危機だ。アフリカ人やアジア人の移住と同化に対して何か策を取らなければ、人種対立が流血の事態を生むだけでなく、イギリス人の生物学的変質と破壊をもたらすだろう」

非白人移民の排斥が、反ユダヤ主義の表現としてのホロコースト否定と結び付く背景には、一九七〇年代のイギリスの社会状況があった。一九六〇年代後半には、カリブ海地域やインド・パキスタンなど、イギリスの旧植民地からの移民流入による社会問題が先鋭化していた。宗教や文化、習慣の異なる集団に対する差別の問題は深刻であった。

一九六五年には「人種関係法」が制定され、職場や住宅の賃貸などでの人種差別が禁じられる一方で、一九六八年には保守党政治家イーノック・パウエル（一九一二—一九八）が、有色人種の移住が生む人種対立によって「血の河」が流れることになると発言して人々の危機感を煽った。ヴェラルは移民の受け入れを拒否できないのは、ホロコーストゆえに他者との共生が強いられるようになったからというのである。『本当に六〇〇万人が死んだのか?』は、雑論がまとめられたパンフレットに過ぎない。しかしこれがドイツ語やフランス語に翻訳され紹介されることで、長くホロコースト否定論者に参照されることになる。

『二〇世紀の大ペテン』——A・バッツ

一九七五年には、アーサー・バッツ(一九三三―)というアメリカ人の大学教授が『二〇世紀の大ペテン』(*The Hoax of the Twentieth Century*)と題した本を出版する。ホロコーストの犠牲となったとされるユダヤ人は実際には他国に移住しており、ニューヨークやテルアビブあたりで別名で暮らしているという奇抜な主張だ。バッツが電気工学の博士号を取得し、名門ノースウエスタン大学で教える研究者であることを考えると、ホロコースト否定論は無教養の産物とも言えない。

人は、合理的な思考に不慣れなゆえに、ホロコースト否定論に陥るわけではない。むしろ、ホロコースト否定論者には大学教授、裁判官、文筆家など、知的な活動に従事する者も少なくない。

バッツに対しては、大学内で解雇を求める請願が何度か出されてきた。学生からも、授業料がホロコースト否定論者の給与になることを拒否する声も上がった。しかし、バッツは大学の仕事と、ホロコーストの否定という個人としての活動を混同させることがないよう細心の注意を払っていた。研究者であろうと、事実を否定する学問的自由はあるということなのだ。実際、授業でホロコースト否定論を持ち出すことは一度もなく、懲戒に至ることはなかった。

こうしたホロコースト否定論者の動機は何か。

かつてサルトルは「反ユダヤ主義とは情熱である」と言ったが、それと同様にホロコースト否定論者には彼らの「信念」がある。情熱を原動力とする人には、合理性を問うても意味がない。それは政治的な宗教であり、彼らが世界のあり方を理解する眼鏡となっている。これを放棄することは彼らの世界観の崩壊につながるため、自説に固執する。ホロコースト否定論の維持が自己目的化するのである。

結局、ホロコースト否定論者の主張に類型を見出すことはできても、なぜ彼らが歴史の歪曲に心血を注ぐのかその動機の深層を知ることはできない。動機を求めること自体意味がない。彼らの主張の矛盾や欠陥を列挙して「論破」することにも意味がない。彼らは合理性のルールの枠外にあるため、真の意味では論破できないからである。

2　歴史修正研究所を訴える――マーメルスタインの〝挑戦〟

カリフォルニアの歴史修正研究所

アップやバッツといった北米のホロコースト否定論者のプラットフォームとなってきたのが、カリフォルニアの「歴史修正研究所」（Institute for Historical Review）である。一九七八年に設立され、ウィリアム・D・マッカルデン（一九五一－九〇）という、アイルランドから移住してきた人物と、ウィリス・カルトー（一九二六－二〇一五）という右派ポピュリスト政治団体「リバティ・ロビー」の主催者により運営されていた。マッカルデンもカルトーも、明白なファシスト・反ユダヤ主義者であった。

現在、歴史修正研究所はかつてのようには活発に活動していないが、ホームページはいまも存在する。「独立した教育センター」であり、「より公正で、正気で、平和な世界のために」活動するなどと記されている。ホームページ上には、過去に出版されたパンフレットやジャーナルのアーカイブが公開されている。一九八〇年から二〇〇二年まで、この研究所から『ザ・ジャーナル・オブ・ヒストリカル・レヴュー』（*The Journal of Historical Review*）という、真面目な学術雑誌に聞こえるが、実際には歴史修正主義とホロコースト否定論の雑誌が刊行されていた。

この雑誌の「論文」には、学術誌の体裁を持たせるために注が付けられているが、ここで挙げられている文献を見れば、否定論者の本や文章が繰り返し引用されるだけであることがわかる。つまり、否定論者が書いた科学的根拠のない文章を互いに引用し合って、根拠として示しているのだ。

一九七九年に歴史修正研究所は、第一回「国際歴史修正主義者会議」を開催している。歴史修正主義者の世界大会だが、この席でアウシュヴィッツでユダヤ人がガスで殺されたことを「証明」できる者に五万ドルを提供するというコンテストの開催が予告された。

歴史修正研究所は、ホロコースト生存者に対してコンテストへ参加を繰り返し呼びかけた。その悪意は明白である。ホロコーストを生き残った者がこの呼びかけに応えないと、アウシュヴィッツでガス殺された人間はいないことにされる。ただし、証拠を提示する人が現れたとしても、ガス殺が実行されたかどうかの判定は主催者側であり、審判団にはバッツなどの否定論者が名を連ねていた。

ガス殺をいかに「証明」するか

そんな意図を知りながらも、メル・マーメルスタイン（一九二六―）というアウシュヴィッツ生存者がこのコンテストに応募した。彼は現在の西ウクライナの出身で、一七歳でアウシュヴィッツに移送され、家族をすべてガス室で失っていた。終戦間際にアウシュヴィッツから水も食料もないまま極寒のなか夜も昼も歩かされ、脱落すると射殺される「死の行進」を生き抜き、最後はドイツ領内のブーヘンヴァルト強制収容所で終戦を迎えている。痩せ細った状態でアメリカ軍に解放されたマーメルスタインは、数ヵ月の療養の後、一九四六年にアメリカに移住していた。

マーメルスタインはアウシュヴィッツで人間がガス殺されたことを、どのように「証明」しようとしたのか。

イタリアの哲学者ジョルジョ・アガンベンは、『アウシュヴィッツの残り物』(*Quel che resta di Auschwitz* 一九九八年)のなかで、ガス室のなかで起こったことを証言できる者はいない、なぜならそこで死を目撃した人は生還しなかったからだと記している。

たしかに、ガス室で人が死んだのを見たのは、ガス室の内部にいた者だけである。しかし彼らも殺されたため、証言者にはなり得ない。通例、人が死んだことの証は死体そのものである。だが、ホロコーストではその死の証拠となる死体すらない。燃やされて灰となり、撒かれたからだ。言うまでもなく、アウシュヴィッツの管理者が死者の「死亡証明書」を発行することはない。

ここでマーメルスタインは、自分自身が強力な証拠だと考えた。その腕に彫られたA−4685という囚人番号を指し示し、「私はそこにいた」と言えること、ガス室へ向かう人の列を行く母や姉妹の背中を「私は見た」と言えることが何よりも強力な証言となると。

さらに、マーメルスタインを保護した赤十字や難民支援団体の文書、アメリカに入国する際の入国管理局に提出された資料などが、彼がアウシュヴィッツの生存者であることの追加証明となると考えた。マーメルスタインは、家族が死亡した状況に関する宣誓供述書をガス殺の証拠として、歴史修正研究所に提出した。

しかし、歴史修正研究所は、マーメルスタインが提出した文書はすべて「証拠不十分」として却下した。彼らは何が「証拠」かは主催者側が決めると主張し続けた。つまり検察が同時に裁判官も務めることをよしとしたのである。これに対してマーメルスタインは、契約不履行を主張して報酬の支払いを求め、一九八〇年にカリフォルニアで訴訟を起こした。

「公知の事実」認定と和解

この裁判は、ホロコースト否定論への北米最初の判断になるか注目された。だが、正式な裁判が始まる前に裁判所の勧告で和解している。なぜ迅速に和解が合意されたのか。それは、歴史修正研究所が自らに勝ち目がないと認識していたからだ。

なぜなら、裁判所がホロコーストを疑いなき事実として認定したからだ。ホロコーストはいわば「公知の事実」なのである。裁判所はこれを前提とするため、マーメルスタインは事実関係を証明する必要がなかった。

そうなるとホロコースト否定論者は六〇〇万人が死んだ証拠を求めたり、アウシュヴィッツにガス室はなかったといった主張をしつつ、裁判を進めることはできない。裁判所がホロコーストを歴史事実と認定したことによって、歴史修正研究所は損害賠償を支払っての和解をするしかなかったのだ。歴史修正研究所は、マーメルスタインに対して約束された五万ドルの報奨金に加え、精神的な苦痛に対する四万ドルの慰謝料を支払った。それだけでなく、マーメルスタインの要望を受けてアウシュヴィッツの生存者に対して正式に謝罪した。

マーメルスタイン裁判以降、少なくともカリフォルニア州の裁判所では、ホロコーストの歴史事実を根本から疑うような主張に基づいて訴訟を進めることはできない。こうしてマーメルスタイン裁判は、否定論者のみならず多くの人たちに今日まで記憶されることになる。

3 ドイツ、フランスの否定論者――確信犯たちの素顔

ドイツの懲りない面々

ドイツでは一九七三年に、ティーズ・クリストファーゼン（一九一八―九七）という元親衛隊員が『アウシュヴィッツの嘘』（*Die Auschwitz-Lüge*）という短いパンフレットを出した。「私は一九四四年一月から一九四四年一二月まで、アウシュヴィッツにいた。戦後になって親衛隊がユダヤ人に対して行ったとされる大量虐殺について耳にし、単に驚いた」とそのパンフレットは始まる。

クリストファーゼンは農業を専門とし、占領地のウクライナで軍需品のタイヤの生産に必要な天然ゴムの開発に従事したことがあった。戦時中ドイツでは熱帯のゴムの木から取る原料が手に入らなかったため、東欧で広く栽培可能なタンポポの一種の根から出る液体でゴムの製造を試みた。ウクライナがソ連に奪還されると、クリストファーゼンはアウシュヴィッツにある親衛隊の農業関連企業で天然ゴムの開発を行うべく派遣される。勤務先は、アウシュヴィッツから三キロほど離れたライスコという場所にあった。

一般にアウシュヴィッツと呼ばれている場所には三つの強制収容所がある。有名な「労働は自由にする」(Arbeit macht frei) の門があるアウシュヴィッツ第一収容所、鉄道の路線が引き込まれた大規模な第二収容所（ビルケナウ）、そして強制労働のための第三収容所（モノヴィッツ）である（次頁、アウシュヴィッツ周辺図参照）。こうした強制収容施設の他にも小規模な労働収容所がいくつもあり、また親衛隊の工場やドイツ人管理者の宿舎なども含めると、アウシュヴィッツ一帯は収容と強制労働のための巨大な複合体であった。

クリストファーゼンの職場は、アウシュヴィッツから三〇〇人ほどの女性を労働力として調達していた。これらの囚人たちは、クリストファーゼンによると、みなドイツ語を上手に話し、なかには学位を持つ者もおり、研究開発に「情熱と喜び」を見出して「誇り」を持って取り組んでいたという。

クリストファーゼンの理解では、アウシュヴィッツでの暮らしは悪くなかった。映画や劇

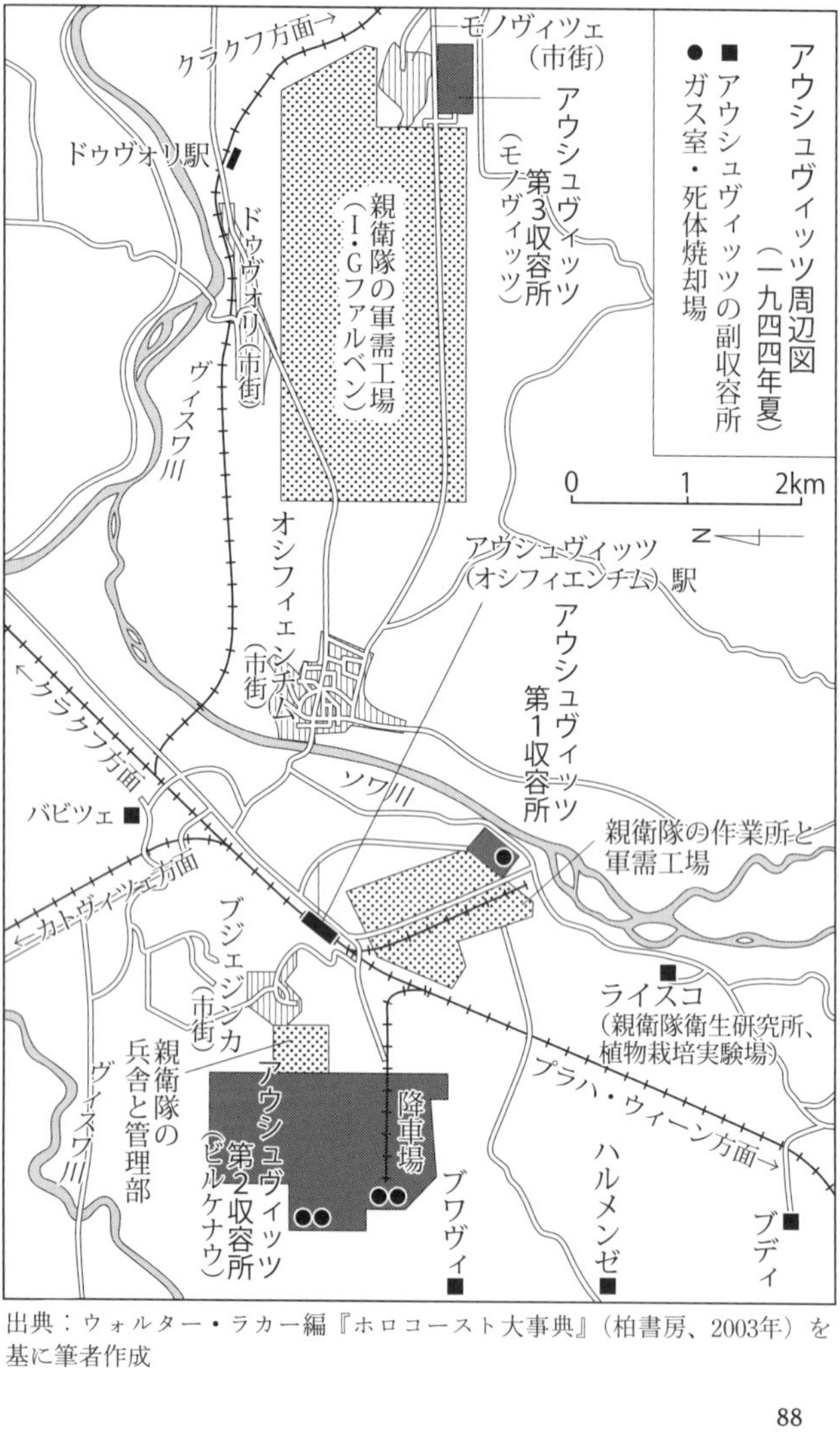

出典：ウォルター・ラカー編『ホロコースト大事典』（柏書房、2003年）を基に筆者作成

の上演もあったし、また囚人たちは倉庫からさまざまな物を「カラスのように」盗んでいたから、女性の囚人は囚人服の下には上等な下着やストッキングを身につけ、エレガントな服装をしていたという。口紅や化粧パウダーなども豊富に手に入り、髪を剃られた女性は見たことがなかったという。つまりアウシュヴィッツでの虐殺を語る者こそが嘘をついているというわけだ。

「私にとっての真実」の拡張

アウシュヴィッツで映画や劇の上演があったのは事実だ。クリストファーゼンが勤務したような特殊な労働収容所では十分にあり得た。絶滅収容所であったビルケナウでさえ一時的に学校が組織され、子どもたちによる劇の上演や合唱が行われた。

クリストファーゼンは、アウシュヴィッツで人が毒ガスで殺され、焼却されたという点を強く否定した。「私はアウシュヴィッツでガスによる大量殺害をうかがわせるようなものは何も見たことがない。収容所に死体を焼く臭いが漂っていたなど、まったくの嘘である」「大変申し訳ないことに、私が一九四四年一二月にアウシュヴィッツを去ったとき、そのような建物〔煙突のある焼却場《クレマトリウム》〕を見たことがない。一九四四年から四五年にかけての寒い冬に親衛隊が煙突を建てたなど考えられず、戦後に建てられたのではないかと思う。死体焼却場のようなものが実在したとするなら、退却時に親衛隊がこれを破壊しなかったとは信じ難い」(『アウシュヴィッツの嘘』)

ここでのクリストファーゼンの記述は、アウシュヴィッツ第一収容所のガス室と焼却場のことであろう。最初は死体置き場として使われた長さ一七メートルの細長い部屋があり、炉では死体の焼却も行われていた。一時的にガス室として稼働したが、処理能力が追いつかなくなると使われなくなる。第二収容所であるビルケナウに規模の大きいガス室と焼却場が作られてからは、殺害はもっぱらここで行われる。

実際にクリストファーゼンが勤務していた時期のアウシュヴィッツ第一収容所の焼却場からは、死体を焼く煙は上がっていなかった。また、第一収容所の煙突が戦後に一部再建されたのも事実である。

とは言え、クリストファーゼンが数キロしか離れていないビルケナウで当時行われていたガス殺と死体の焼却を「知らなかった」とは到底考えられない。アウシュヴィッツ駐在の親衛隊員同士はさまざまな場所で交流があった。またクリストファーゼンの職場には、強制労働のためにビルケナウから女性の囚人が毎日通ってきていた。

ここにはホロコースト否定論の一つの型が見出せる。ホロコースト否定論者は、自分が見た、聞いた、知り得た限定された範囲の事実から、全体を結論付ける。つまり、「私にとっての真実」を全体に拡張する。クリストファーゼンは、アウシュヴィッツ第一収容所で実際に煙の出ている煙突を見なかっただろう。これを理由に、ビルケナウも含めて、アウシュヴイッツ全体でガス殺がなかったと主張する。彼の経験的な認識では嘘とは言えないだろう。だがそれはアウシュヴィッツ全体の事実ではない。

ホロコースト否定論には、事実も、矛盾のない筋の通る部分もある。むしろ五割は事実であり、三割は真偽のほどが明らかでなく、最後の二割が完全な嘘からなると言っても過言ではない。それゆえに、ホロコースト否定論者の主張を一〇〇％嘘であると言い切ることもできない。

さて、クリストファーゼンは最後まで筋金入りのナチであり続けたようだ。ナチ思想を放棄することはなく、西ドイツ憲法の廃止と、ヒトラーのような総統を頂く「第四帝国」の建設を訴えて活動を続けた。彼がアウシュヴィッツでの虐殺はなかったという意味で使った「アウシュヴィッツの嘘」という言葉は、現在のドイツでは逆にアウシュヴィッツの事実を歪曲する行為に対して使われるようになっている。

クリストファーゼンはホロコースト否定が犯罪となるドイツにとどまることができず、デンマーク、イギリス、ベルギー、スイスと転々とし、最後は逮捕令状の出ているドイツに戻って没した。

ネオナチの元裁判官

クリストファーゼンと似た経歴を持ち、一九七〇年代より活動したホロコースト否定論者に、ヴィルヘルム・シュテークリヒ（一九一六―二〇〇六）がいる。彼も戦争末期にアウシュヴィッツの近郊で勤務したことがあり、強制収容所を何度か訪問していた。

戦後にシュテークリヒは法学を修め、裁判官となるも、本人は長らく極右のドイツ国民民主党のメンバーであった。このため裁判官としての適性に疑問符が付けられ、懲戒手続きが試みられている。ネオナチ雑誌に自身のアウシュヴィッツ訪問記を寄せ、そのなかでガス室の存在を否定したことにより、一九七三年に早期退職に追い込まれた。

もはや公務員でなくなったシュテークリヒは、その後ホロコースト否定論者としての活動を活発化させる。クリストファーゼンの『アウシュヴィッツの嘘』に序文を寄せ、第2章で見た戦後初期の歴史修正主義者、ウード・ヴァレンディとともに『史実』という歴史修正主義の雑誌を発行した。

そして一九七九年に『アウシュヴィッツの神話』（*Der Auschwitz-Mythos*）を極右出版社のグラベルトから出版する。内容はよくあるユダヤ人による陰謀論で、ホロコーストはドイツ民族を貶《おとし》めるための国際的なプロパガンダとする。法学博士らしく、五〇〇ページにもなるこの本には細かな注があるが、無理に注を付けた感がある。

シュテークリヒは、クリストファーゼンの『アウシュヴィッツの嘘』を引き合いに出しつつ言う。「私自身も一九四四年なかばにアウシュヴィッツ第一収容所を何度か訪問しているが、栄養失調の囚人など見たことがない」

シュテークリッヒは裁判官だったこともあり、ニュルンベルク裁判が攻撃の的だ。裁判の証拠や証言を「信用できない」として退け、「犯罪者扱いされている私たちドイツ人がガス室は存在しなかったことを証明するのではなく、私たちを非難する者たちがその存在を証明すればよいのだ」と言う。立証責任を犠牲者の側に押し付ける否定論者の常套《じょうとう》手段である。

なかでも証言者の否定には、シュテークリッヒはきわめて強い言葉を使う。歴史家は、証言者の言葉を参照すべきではないという。なぜならメディアで反ドイツ・プロパガンダが垂れ流されてきたため、証言者のなかでは人から聞いたことと、自分が経験したことが混じり合っているからだという。伝聞に過ぎないことが実体験として語られると主張する。

体験者の記憶に、事後的にしか知り得なかった情報が取り込まれ、実体験に基づく記憶と、後付けの記憶との境界が曖昧になることはよくある。これは証言そのものの性格だが、シュテークリッヒの批判の目的は、証言の不安定性を指摘することではない。それは次のような言葉から明らかだ。

「ユダヤ人のガス殺を主張する証言者は、いかなる場合も説得力のある説明が求められる。なぜ他の誰でもなく、あなたたちが、抹殺対象から外されたのかという点については」。つまり、生存者が存在すること自体が、絶滅政策などなかった証拠であると言うのだ。ここにあるのは生存者の人格の否定であり、明らかに悪意がある。

シュテークリッヒの本は、一九八二年には有害図書として発禁処分を受けた。その翌年には、博士号をゲッティンゲン大学から剝奪されている。

新たな中心地フランス――国民戦線のなかに

一九七〇年代以降のヨーロッパでホロコースト否定の中心地となったのは、戦後最初に歴史修正主義者が出てきたように、ドイツではなくフランスであった。北米とほぼ同じ時期に、ホロコースト否定論者と呼べる人々の活動が始まり、その最初の一人が極右の政治家フランソワ・デュプラ（一九四〇―七八）だ。

デュプラは、一九七二年にジャン＝マリ・ルペン（一九二八―）により設立された「国民戦線」（Front National 二〇一八年に国民連合と改称）の初期のメンバーで、実質的には党首ルペンに次ぐ地位にあった。彼はファシズムや第三帝国に関する本や文章を複数残し、ファシズムに感化されていた。

しかし歴史家ニコラ・ルブールによると、デュプラは第2章で見たモーリス・バルデシュのような、ヴィシー政権の無害化を試みる親ドイツ的なフランスの歴史修正主義者とは異なるという。むしろ彼をホロコースト否定論に向かわせたのは、一九六七年の六日間戦争でのイスラエルの勝利で、続く七三年のヨムキプール戦争が、その傾向を加速させたという。

この点は、フランスの右派が一般的に親イスラエル、つまり反アラブであったのとは対照的である。デュプラはパレスチナ解放運動を支持したが、それはむしろユダヤ人に対する敵意の裏返しであった。彼の反ユダヤ主義はホロコースト否定論と結びつき、ユダヤ人はイスラエルを建国するためにホロコーストを捏造し、パレスチナ人に対するジェノサイドを行っていると主張した。

当時、アジアやアフリカの民族解放運動が、反イスラエル・反帝国主義の立場から、ホロコースト否定論を受け入れていた。デュプラは一九七六年にヴェラルの『本当に六〇〇万人が死んだのか？』をフランスで紹介しているが、このパンフレットをフランスで広めるために資金援助を行ったのは、アラブ解放運動であったと歴史家ヴァレリー・イグネは指摘する。

このように、ホロコースト否定論は異なる目的を持つさまざまな運動を結び付ける。敵の敵は味方という論理で、利害関係が異なるように見える集団間の架け橋となり、一時的な共闘を可能とするのだ。

デュプラは一九七八年に自動車に仕掛けられた爆弾により暗殺された。犯人は捕まっておらず、極右内の対立の結果という見方もあれば、極左のテロとする見方もあり、またシオニストによる暗殺説もある。極右勢力は、思想ゆえに暗殺された殉教者としてデュプラを祭り上げた。国民戦線は次のようにデュプラを追悼した。「思想を希釈し、禁止し、葬り去ることはできない。真実に口輪をはめることはできない」

デュプラの極右思想と反ユダヤ主義は、ジャン＝マリ・ルペンの国民戦線のなかで引き継がれていった。第6章で見るように、ルペンはホロコーストを矮小化する発言を繰り返している。

ロベール・フォリソン――『ル・モンド』が掲載

一九八〇年代から九〇年代のフランスで、ホロコースト否定論の核を形成したのは、リヨン大学の文学教授ロベール・フォリソン（一九二九－二〇一八）である。彼を中心としたホロコースト否定論者の活動は、ヨーロッパ内外の否定論者を引き寄せ、また同時に社会がいかに否定論と対峙すべきかを問いかけた。

まずフォリソンの生い立ちをたどってみよう。フォリソンはイギリスでフランス人の父親とスコットランド人の母親の間に生まれ、第二次世界大戦前にフランスに定住した。戦後、バルデシュの『ニュルンベルクあるいは約束の土地』を読んでニュルンベルク裁判の正当性に対して疑念を抱き、ラスィニエの『オデュッセウスの嘘』と出会って、ホロコーストが一般に知られているような形では起こらなかったことを確信したという。

フォリソンは高校や大学で文学を教える教員であった。そのかたわら、対独協力を行ったヴィシー政権の元首フィリップ・ペタン（一八五六－一九五一）の名誉を守る団体に所属し、ファシスト小説家と呼ばれたロベール・ブラジヤックの友の会にも入っていた。右翼活動家として警察の世話になることもあり、教鞭を執る学校では『アンネの日記』を証言に疑念があるテクストの例として授業内で取り上げ、生徒にヒトラーの『わが闘争』の一部を読ませたりすることさえあった。

リヨン大学に職を得たフォリソンは、自身の専門を「テクスト批評、意味と錯誤に関する研究、真と偽についての研究」とし、関連科目を教えていた。しかし授業の教材に「アンネ・フランクの日記は本物か？」と題された自身の文章や、アーサー・バッツの『二〇世紀の大ペテン』のフランス語版に自らが寄せた序文などを使っていた。

他のホロコースト否定論者のように、フォリソンも当初はガス室の存在を信じていたが、ラスィニエの本を読んで「開眼」し、新しい認識に至ったという。一九七六年よりバルデシュが主催する雑誌、『西洋の防衛』（*Défense de l'Occident*）に「〝ガス室の問題〟、あるいはアウシュヴィッツの噂」などと題された文章を発表し、ガス室は技術的な理由から不可能であり、したがってユダヤ人の虐殺は嘘であると主張した。

フォリソンの名が全国的に知られるようになったのは、一九七八年一二月に「ガス室の問題」と「アウシュヴィッツの噂」という題の文章が、フランスの高級紙『ル・モンド』に載ったことである。『ル・モンド』は、フランスを代表するオピニオン紙である。新聞側は、ホロコースト否定論とホロコースト生存者の歴史証言を紙面上で対置させることで、前者をそれと見分けられるようにするためと掲載意図を弁明した。実際、同じ紙面にはアウシュヴィッツ生存者で、アイヒマン裁判で証言したユダヤ系の歴史家、ジョルジュ・ウェラスによる「証拠はいくらでもある」と題する文章が並べて掲載された。

ホロコースト否定論者の文章と生存者の文章を並べるという『ル・モンド』のこの方針は、多方面から批判された。ホロコースト否定論者は、繰り返すが、自分の主張に都合のよい事実だけを選び出して書く。二つが並べられることで、歴史に大きく異なる二つの解釈が存在するかのような印象が生まれる。これこそが、ホロコースト否定論者が望むことである。彼らは歴史家と同じ土俵に上がることを期待しているからだ。

フォリソンのテクスト論

フォリソンの主張は、突き詰めるとアップやバッツなど北米のホロコースト否定論者の主張と変わりがない。新しい点があるとすれば、そこにポストモダニズム風の認識論を加味したことだろう。ポストモダンの論者は、歴史を「テクスト」として、過去に関して語られる物語であると考える。つまり歴史とは起こったことではなく、過去についての表象に過ぎないという。このためアウシュヴィッツの歴史記述は、アウシュヴィッツで起こったことの証明には一切ならないという立場となる。

フォリソンにとっては、水が水素と酸素でできているといった絶対的な事実以外は、すべて疑うべきものであり、真実ではない「可能性」がある。彼の世界は、ごくわずかの絶対的な事実と、圧倒的多数の「真実とは言い切れないもの」からできている。つまり、事実でないかもしれないことは、すべて「虚偽」かもしれない。歴史の実存は誰にも確証されないという、極端な立場である。

フォリソンは、文学でのテクスト論を、歴史に持ち込んでいると言える。これはポストモダニズム思想の一種の悪用だが、フォリソンは他のホロコースト否定論者のようには文書を改竄することはない。彼は意図的にテクストの異なる「読み方」へと誘導し、本来の意味に変更を加えるのである。

ホロコースト否定論の目的は絶対的な信者を獲得することではない。むしろ、史実に対して認識の揺らぎを呼び覚ますことである。フォリソンが投げかける「事実とは言い切れない可能性」は、人々の認識を浸食する。事実ではないかもしれないと人が疑念を抱いた時点で、目標は達成される。それは歴史の不安定化につながる。

一九七九年に複数の人権団体、レジスタンスや強制収容所の生還者の団体などがフォリソンに民事訴訟を起こしている。ヒトラーはユダヤ人の殺害を命じたことも容認したこともないというフォリソンの発言が、戦争犯罪を正当化し人種憎悪を煽る不法行為にあたるとしたのだ。フォリソンは一九八一年に象徴的にも一フランの損害賠償を支払わされているが、その後も何度も裁判が起こされている。

フランスではホロコーストの否定を犯罪とする「ゲソ法」が一九九〇年に施行され、フォリソンはこの法で有罪判決を受けた最初の人物となるが、これについては後述しよう。

4　ツンデル裁判の波紋——メディアによる拡散

E・ツンデル——ナチ関連商品の販売

ホロコースト否定論者の存在を世界に周知させたのは、一九八五年と八八年にカナダのトロントで行われた二度の「ツンデル裁判」である。裁判の被告人は、エルンスト・ツンデル（一九三九－二〇一七）というドイツ出身のホロコースト否定論者である。

ツンデルは第二次世界大戦が始まった一九三九年に、ドイツ南部のヴュルテンベルク地方で生まれた。彼の幼少期の記憶は戦争と窮乏が刻まれたようだ。隣町が爆撃されたときは、街を焼く炎が夜空を赤く照らし、二〇キロも離れているというのに、火の勢いが増すにつれ周囲から空気が吸い込まれ、まるで竜巻のようなゴーゴーという恐ろしい音を立てていたと振り返っている。

父親は出征していたためほぼ不在で、ソ連軍の捕虜となり終戦から二年後に帰国したが、アルコール依存症になっていた。一家を経済的に支えたのは母親であった。占領期に学校に通い、検閲された教科書で学ぶなかで、学校の授業と、両親の体験談との間にはギャップがあることに気づく。ツンデルが裁判時に提出した文書には次のようにあるが、ここには彼をホロコースト否定に向かわせる、「もう一つの現実」を認識する過程を見ることができる。

私たちは占領者の視点から書かれた歴史を教えられたという点では、その犠牲者であった。結果、両親とのあいだに距離が生まれた。両親が実体験から教えてくれたことは、まるでおとぎ話のように思われた。なぜなら、教師が使う教科書にはまったく異なる現実が示されていたからである。これは多くの家庭を不幸にし、若い世代とのあいだに亀裂を生んだ。

成長するにつれ、どうやら教えられている歴史にも問題があることに気がつき始めた。現実には、両親が実際に経験し、その証人である一つの歴史があり、これに対して教科書にはまったく異なる歴史があった。こうして、自分で歴史を調べる必要があると思うようになった。

（ツンデル側裁判史料より）

ツンデルは、一九五八年に一九歳でカナダに移住した。当時は義務であった西ドイツの徴兵制を逃れるためであったようだ。カナダでは写真の修正を生業とし、グラフィックアートの会社を興して職業上は高い評価を受けていたようである。

しかし、ツンデルの本当の情熱はそこにはなかった。彼が情熱を注いだのはネオナチとしての活動であった。一九七六年にサミスダート出版という、ネオナチ・反ユダヤ主義的な文献や音楽テープを出版する会社を設立し、ホロコースト否定論の書籍やヒトラー演説のカセットテープなどの通信販売を行った。自身がペンネームで書いた『われらの愛するヒトラー』（*The Hitler We Love and Why*）というパンフレットや、ヴェラルのパンフレット『本当に六〇〇万人が死んだのか？』などがリストにあった。

ツンデルはネオナチ文献を世界中の顧客に届けた。なかでも西ドイツへの輸出が多かった。ドイツではヒトラー崇拝を許すような物——たとえばナチの制服や鉤十字のついた旗などの売買は禁止されているからである。

他方でツンデルは、「ドイツ＝ユダヤ歴史委員会」と「憂慮するドイツ系保護者の会」という団体も立ち上げて運営した。前者は、反シオニスト的立場からホロコーストの否定を目的としたもので、後者はドイツ人に対する誹謗《ひぼう》中傷に立ち向かい、民族的な誇りを取り戻すための団体と謳っていた。なぜなら北米で一九七〇年代末にテレビドラマ『ホロコースト』が放映され、高視聴率を上げた。ツンデルはテレビ放映の結果、ユダヤ人の悲劇に同情が集まり、学校でドイツ系の児童がいじめられるようになったと考えたのである。

「虚偽ニュースの流布」の訴え

こうしたツンデルの活動はカナダではよく知られていた。それに対して一九八三年にカナダのホロコースト生存者団体の代表者であるサビーナ・シトロンという女性が、ツンデルに訴訟を提起し、カナダ検察もそれに加わった。

この訴訟は、ツンデルによる死者の冒瀆などを理由としたものではなく、当時のカナダ刑法一七七条「虚偽のニュースの流布」を訴因としていた。これは内容が虚偽であると知りながら公益を損なうニュースを公表することを禁じるもので、ヴェラルのパンフレット『本当に六〇〇万人が死んだのか？』などの販売、流通がこれに該当するとされた。

重要なのは、訴訟の理由が憎悪を煽る行為、つまりヘイトスピーチではないことだ。彼がいくら『われらの愛するヒトラー』のような偏向した文章を発表しても、カナダ憲法が保証する表現の自由という観点からは許容される。したがって、争点はパンフレットに書かれていることが虚偽であると知りつつツンデルがパンフレットを販売したかどうかであった。

裁判で検察はパンフレットが虚偽であることを示すために、専門家証人として歴史家ラウル・ヒルバーグ（一九二六－二〇〇七）を呼んだ。ヒルバーグは、『ヨーロッパ・ユダヤ人の絶滅』（*The Destruction of the European Jews* 一九六一年）という大著で知られるホロコースト研究の大家である。また一九四四年春に奇跡的にアウシュヴィッツを脱出し、当地で何が起こっているかを伝えた人物として知られるルドルフ・ヴルバ（一九二四－二〇〇六）を始め、複数のホロコースト生存者が証言した。

対してツンデルの弁護人は、ダグラス・クリスティ（一九四六－二〇一三）。ネオナチや反ユダヤ主義者たちの敏腕弁護士で知られた人物である。ツンデル側の証人は、主にホロコースト否定論者からなっていた。フランスからはロベール・フォリソン、ドイツからはウード・ヴァレンディやティーズ・クリストファーゼン、イギリスからは第二次世界大戦の歴史に関する多くの著作があるデイヴィッド・アーヴィングが呼ばれた。アーヴィングは、第5章で詳しく見るが、一九七七年の著作『ヒトラーの戦争』(*Hitler's War*)で、ヒトラーは一九四三年までホロコーストについて知らず、ユダヤ人の虐殺を命じたこともないという論を展開していた。

トロントの法廷は、ホロコースト否定論者の集会と化し、ツンデルのナチ賛美と反ユダヤ主義の格好の宣伝となった。彼はデモ隊から「身を守る」ためにヘルメットを被り、防弾チョッキを着込み、支持者を引きつれ、警察に護衛されながら出廷した。実際にツンデルは自身の活動により嫌がらせを受けたり、脅迫されたりすることもあったため、そうした護身が大げさだったわけではない。

しかし、ツンデルが磔刑《たっけい》に処せられたキリストのように、「表現の自由」と書かれた巨大な十字架を担いで裁判所に入廷しようとしたときには、明らかに彼はこの理念をはき違えていた。いずれにせよこうした挑発もあって、ツンデルの裁判は世界的な関心を呼び、その様子は連日報道された。それがまさにツンデルの狙いであった。

法廷内では、実に錯綜したやり取りが展開された。その理由は、カリフォルニアのマーメルスタイン裁判とは異なり、トロントの裁判所がホロコーストを「裁判所に顕著な事実」と認めなかったためである。このため検察はホロコーストが歴史的事実であることを証明する必要に迫られ、多くの証言が行われ、終戦直後に連合軍が撮影した強制収容所の解放の映像が流された。

こうした証言を「事実」と受け止めるかどうかは、陪審員次第とされた。英米法では、証言者が直接見聞きしたことでなければ、「伝聞」による情報とされ、証拠に採用されないことがあるからだ。誰かが見た、誰かから聞いたという間接的な情報は、証拠にならないのである。このため、ホロコースト生存者が、ツンデル側弁護人クリスティから「あなたは本当にその場にいたのか」といった激しい反対尋問にさらされることとなった。

もちろん、歴史的な体験を語ることと、刑事裁判で自分のアリバイを示すこととは異なる。弁護士のクリスティの狙いは、歴史の「証拠」を法的な意味で解釈することで、司法的な観点からすれば歴史学は信用に足らないと結論付けることであった。

クリスティは、書かれた歴史とは解釈に過ぎず、実際に何が起こったのかの証明にはならないという論を展開した。そもそも歴史とは伝聞に過ぎないではないか、と。事実、歴史家の仕事の多くが第三者からの情報に依拠している。歴史の史料自体、英米法の観点から言えば伝聞情報に分類されるだろう。出来事の当事者が記録を残しているとは限らないし、出来事の発生から史料が作成されるまでの間にかなりの時間が経過していることもある。

また、すでに指摘したように、伝聞情報が自分の体験の一部として記憶のなかに取り込まれていくこともある。どこまでが実体験による記憶で、どこから事後的に知り得た情報なのか、その境界はきわめて曖昧だ。

クリスティは、書かれた歴史の性格そのものを攻撃することで、歴史の信用を失わせようとしたのである。その結果、ヒルバーグのような専門家とホロコースト否定論者が同じ土俵に乗せられ、自分たちの歴史解釈の「正しさ」で陪審員の説得を試みるという状況が生まれた。現にツンデル裁判では、ホロコースト否定論者たちが「証言」をしていくことになる。

アウシュヴィッツを調査したという「ロイヒター報告」

ツンデル側は、自称「死刑の専門家」、フレッド・ロイヒター（一九四三―）という人物を専門家証人として呼ぼうとした。ロイヒターは、アメリカの刑務所に死刑執行のための設備を納入するエンジニアと称していた。

ツンデルは、アウシュヴィッツであれほどの数のユダヤ人がガス殺されるのは不可能であると示すために、ロイヒターにアウシュヴィッツのガス室の検証を依頼した。ロイヒターは現地調査を行うためにポーランドに飛び、ガス室の壁の一部とされる漆喰《しっくい》やコンクリート片、そしてこれらと比較するために、殺虫のための燻蒸室《くんじょうしつ》として使われていた部屋の壁の一部

ビルケナウ（アウシュヴィッツ第２収容所）の死体焼却場跡，2017年，筆者撮影

を許可なく持ち帰り、毒ガスの痕跡があるか「検証」した。

アウシュヴィッツ第二収容所、ビルケナウのガス室とその死体焼却場は、一九四四年末に解体され、四五年一月に親衛隊が撤収した際に爆破されて以来、瓦礫《がれき》のまま屋外で雨風にさらされてきた。（写真）劣化は防げず、土で覆われ草が生えている所もある。何度か保存のためにガラスで全体を覆う案があったが、ありのまま負の遺産を示すという意図なのか、実現しなかった。つまり、一九八〇年代後半にロイヒターがガス室の壁のサンプルを持ち去るまでの約四〇年、施設の残骸は冬には雪に埋もれ、春には水につかっていたわけだ。そのようなサンプルから殺害に使われた毒ガス、ツィクロンBの成分が検出されるのだろうか。

ロイヒターの検証の結果、毒物の痕跡であるシアン化合物はごくわずかにしか検出されなかった。ただ、燻蒸室から取られたサンプルは、より高濃度のシアン化合物が検出される。ロイヒターはこれらの事実をもって、連日ガス室で人が殺害されていたならば、ガス室の壁のサンプルからより高濃度の毒物の痕跡が見つかるはずであるとし、アウシュヴィッツで人間はガス殺されていないと結論付けた報告書を裁判所に提出した。

しかしロイヒターの報告書は裁判所によって証拠として採用されなかった。ロイヒターの根本的な問題は、害虫駆除には人間を殺すより多くの毒物を必要とするといった基礎的な事実さえ知らなかったことである。単純な事実の誤認も多く、ロイヒターの報告書は専門的な鑑定書からはほど遠い代物であった。

ロイヒターを専門家証人として証言させるというツンデル側の試みを、裁判長は次のように却下した。

検察　あなたはどのようなエンジニアの資格を持っていますか。
ロイヒター　文学修士号です。
検察　それはエンジニアの教育によるものですか。
ロイヒター　エンジニアの教育ではありませんが、どちらにせよ私の仕事にはそのような資格は必要ありません。〔中略〕
裁判長　工学の学位がないのに、どうしてエンジニアとして働くことができるのですか。
ロイヒター　裁判長殿、では工学学位とは何かを問わねばなりません。わたしは文学修士号を持っていますが、エンジニアとして仕事をするうえで、大学レベルの、また実務でも必要な知識を持っているということです。

裁判長　誰がそう認めたのですか。あなた自身ですか？

単純にロイヒターは専門家を名乗る資格を欠いていた。彼は実はガス室の専門家でも死刑執行の専門家でもなかった。刑務所用のガス室を実際に設置したことなどなかったし、アウシュヴィッツのガス室について専門的な見地から語る知識をまったく持ち合わせていなかった。化学の知識は大学基礎レベルで、毒物について学んだこともなく大学での専攻は歴史学だった。

ロイヒターの報告書は、科学の名を語った似非《えせ》鑑定書であった。ところがホロコースト否定論者は、アウシュヴィッツに人間を殺害するためのガス室が存在しなかったことが「証明」されたと色めき立った。報告書はのちに「ロイヒター報告」と呼ばれるようになり、ネオナチやホロコースト否定論者のあいだでは長く流布することとなる。

文書の捏造者までが証言台に

ツンデル側証人として呼ばれた人物に、ウィーン市の職員エミール・ラホウト（一九二八—？）がいた。「ドイツ帝国内にガス室はなかった」とする偽造文書「ラホウト文書」の作

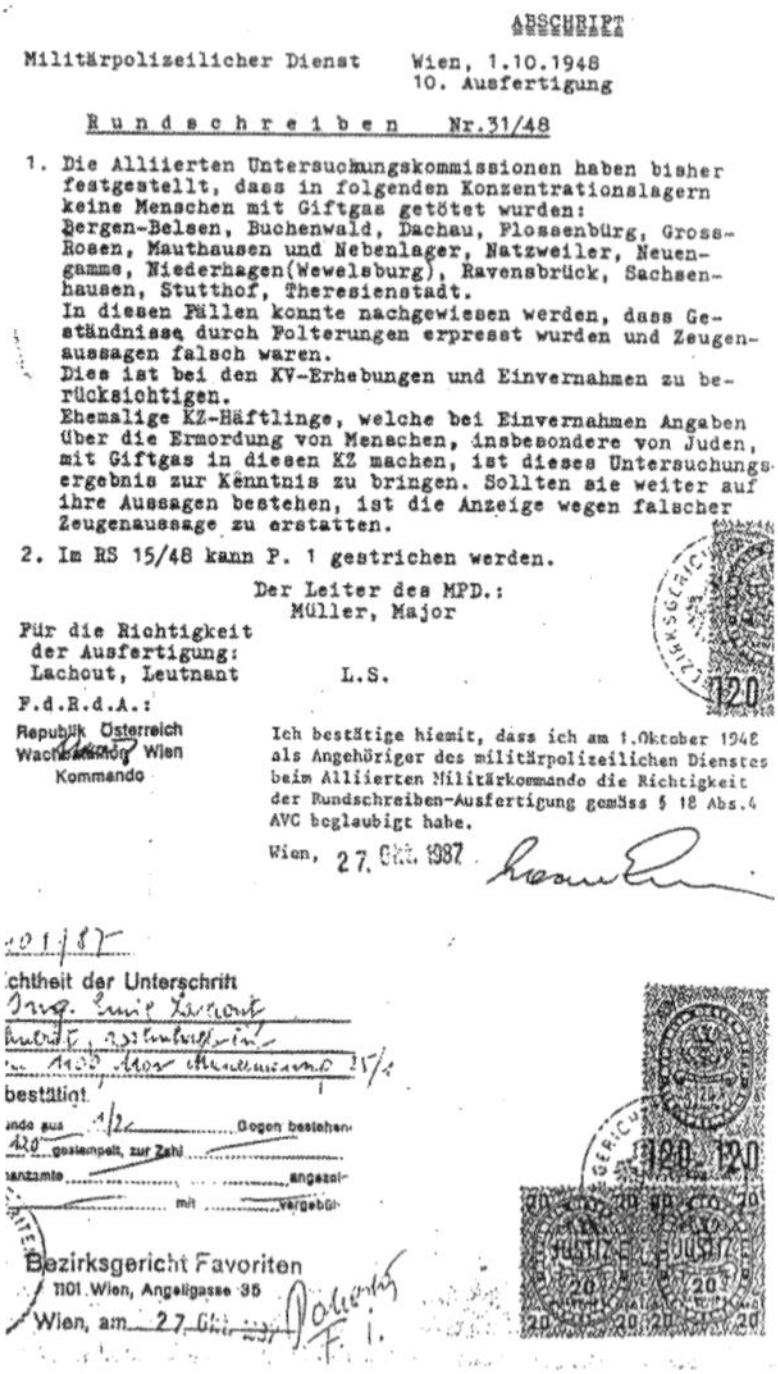

ABSCHRIFT

Militärpolizeilicher Dienst — Wien, 1.10.1948
10. Ausfertigung

Rundschreiben Nr.31/48

1. Die Alliierten Untersuchungskommissionen haben bisher festgestellt, dass in folgenden Konzentrationslagern keine Menschen mit Giftgas getötet wurden:
Bergen-Belsen, Buchenwald, Dachau, Flossenbürg, Gross-Rosen, Mauthausen und Nebenlager, Natzweiler, Neuengamme, Niederhagen(Wewelsburg), Ravensbrück, Sachsenhausen, Stutthof, Theresienstadt.
In diesen Fällen konnte nachgewiesen werden, dass Geständnisse durch Folterungen erpresst wurden und Zeugenaussagen falsch waren.
Dies ist bei den KV-Erhebungen und Einvernahmen zu berücksichtigen.
Ehemalige KZ-Häftlinge, welche bei Einvernahmen Angaben über die Ermordung von Menschen, insbesondere von Juden, mit Giftgas in diesen KZ machen, ist dieses Untersuchungsergebnis zur Kenntnis zu bringen. Sollten sie weiter auf ihre Aussagen bestehen, ist die Anzeige wegen falscher Zeugenaussage zu erstatten.
2. Im RS 15/48 kann P. 1 gestrichen werden.

Der Leiter des MPD.:
Müller, Major

Für die Richtigkeit
der Ausfertigung:
Lachout, Leutnant

L.S.

F.d.R.d.A.:
Republik Österreich
Wachbataillon Wien
Kommando

Ich bestätige hiemit, dass ich am 1.Oktober 1948 als Angehöriger des militärpolizeilichen Dienstes beim Alliierten Militärkommando die Richtigkeit der Rundschreiben-Ausfertigung gemäss § 18 Abs.4 AVC beglaubigt habe.

Wien, 27. Okt. 1987

chtheit der Unterschrift
bestätigt

Bezirksgericht Favoriten
1101 Wien, Angeligasse 35
Wien, am 27. Okt. 1987

「ラホウト文書」 ウィーン市の公印が捺された偽造文書。ドイツ帝国内にガス室はなかったという証明にされた

成者である。

ラホウト文書とは、一九四八年に連合軍の調査委員会がドイツ帝国内の強制収容所では人がガス殺された事実はないと確認し、これをウィーンに駐留する連合軍警察部隊のミュラー少佐が文書にしたため、さらに同じく警察部隊のラホウトが公証書を付けた、というものだ。ラホウト文書にはウィーン市の公印も捺され、正式なものにも見える。オーストリアのネオナチ雑誌に掲載され、極右の間でガス室の存在を否定する「証拠」として広まった。

しかし、オーストリア人であるラホウトが、連合軍の警察部隊に入ることはできるはずはなかった。連合軍の公文書がドイツ語で書かれることはあり得なかった。そもそも、マウトハウゼンやザクセンハウゼンなどのドイツ帝国内の強制収容所でも、大規模ではないものの

ガス殺が行われた事実は、ニュルンベルク国際軍事裁判がすでに明らかにしていた。ラホウトは市職員であったために、公文書の作成に精通し、公印などを使える立場にあった。文書の偽造を指摘されると、ラホウトは赤十字やオーストリア政府の発行とされるさまざまな文書を提出し、自分が実際に警察部隊で勤務したことを「証明」しようとしたが、これらも捏造であった。

このような証人が、ホロコーストの生存者や、ヒルバーグのような実証史家と同じ発言の機会を与えられていた。これをどう考えればいいのだろうか。

予想外の最高裁の判断

一九八五年、ツンデルはパンフレット『本当に六〇〇万人が死んだのか？』が虚偽の内容であることを知りながら流布させたとして、一五ヵ月の禁固刑を言い渡された。ツンデルは控訴し、裁判所は手続き的な問題から裁判のやり直しを命じたため、一九八八年に再審が行われた。これは第二ツンデル裁判と呼ばれるが、ここでも九ヵ月の禁固刑が下されている。これに対しても、ツンデルは控訴した。

ところが裁判は思わぬ結果となる。一九九二年、カナダ最高裁はツンデルを裁いた当時の刑法一七七条は違憲であると判断したのだ。これにより、ツンデルをこの法で裁くことはできないという結論となる。もちろんツンデルはこの最高裁の判断を自身の勝利とし、逆にユダヤ人団体は二度の裁判の有罪判決で、ホロコースト否定論が断罪されたとした。

ただし、ツンデルのホロコースト否定論者としての経歴は、実はカナダ最高裁の判断で終わらない。この後ツンデルはアメリカに移住するが、ホロコーストの否定によりカナダでもアメリカでも市民権を取得することができず、ドイツ国籍のままであった。ツンデルをドイツへ強制送還する試みが繰り返されたが、ドイツがパスポートの発行を拒否したため、北米をさまよい続けた。最終的にツンデルは、二〇〇五年にドイツへと強制送還され、母国の法廷に立つことになる。これについては、第6章で再度扱う。

ツンデル裁判の功罪

ツンデル裁判の功罪とは何だろうか。まず、プラス面としてはホロコースト否定論に対する国際的な問題意識が喚起されたことだ。ツンデル、フォリソン、クリストファーゼン、アーヴィングなどのホロコースト否定論者の国際的なネットワークの存在が知られるようになり、彼らの言説を監視する必要性が認識された。

また、ホロコーストの否定は歴史の問題というよりは、むしろ社会に有害な言説、つまりヘイトスピーチとして扱うべきであるという認識が広まった。実際に証人として出廷したホロコースト生存者は、弁護士クリスティによる反対尋問によって、自身が味わった苦痛や記憶が否定されるという二次被害を被っている。歴史の否定という行為自体を禁止することは、カナダ憲法が保障する表現の自由の観点からは考えにくいが、公益を損なうヘイトスピーチとして扱えば、ある程度規制できるように思われた。

対して、ツンデル裁判が示したマイナス面は、ホロコースト否定論者の極端な主張が司法の場で扱われることでメディアの注目が集まり、否定論の潜在的な支持者が開拓されたことである。裁判では、「主流」の歴史記述に、「異端」の歴史記述が闘いを挑んでいるといった印象が生まれる。その場合、「主流」の歴史は既存の政治や権力を正当化しているように見え、権力に対する抵抗としてホロコースト否定論への支持者を増やしてしまうのだ。

では、こうした主張にはどのように対応すればよいのか。単に無視すべきだろうか。

多くの人は無視するのが一番だと考えた。ホロコースト否定論に注目すること自体が、否定論者の宣伝になるからだ。歴史家ヴィダル＝ナケは、ホロコースト否定論者について「月がチーズでできている」と主張するような人と譬えて、彼らと天文物理学者は議論できないと言った。ホロコースト否定論者は学術レベルを満たしておらず、対話自体を拒否すべきだということである。つまり、彼らを同じ土俵に上げてはならないということだ。

しかし、ホロコースト否定論者は月がチーズでできていると確信しているから、主張するのではない。月がチーズでできている「可能性」を繰り返すことで、人々の認識の揺らぎを呼び起こすことを意図している。真《ファクト》と偽《フェイク》のあいだの境界が曖昧になれば、当然視されているあらゆることの土台が緩み、その上にある社会制度が軋《きし》み出す。こちらの方がより深刻なのだ。

では、程度の差はあれ、「歴史家」を名乗る者が歴史の書き替えを学術的にうまくカモフラージュしたり、史実の否定とまでは行かなくても、相対化したりする場合はどうだろうか。捏造した文書ではなく、実在する歴史の史料を使って、巧妙に論点をずらした穏健なホロコースト否定論を展開する場合はどうだろうか。

これについては第5章アーヴィング裁判で扱うこととする。

第4章　ドイツ「歴史家論争」――一九八六年の問題提起

歴史記述の見直しや修正は、どこから歴史修正主義と見なされるのだろうか。歴史記述のなかで政治的な意図の有無とは、どのように判断されるのか。

これらの問題がドイツ社会を大きく揺るがしたのが、一九八〇年代後半の「歴史家論争」(Historikerstreit) である。ナチズムの歴史記述をめぐる論争であったが、ドイツ社会全体へ波及し、海外の識者も巻き込む大論争が繰り広げられた。

歴史記述についての意見の相違が、なぜそれほどの論争になったのか。何が歴史修正主義と批判されたのか。

この章ではその時代背景を明らかにし、歴史家論争がその後の社会に何を残したかについて考える。三〇年以上を経た現在、歴史家論争を再度眺めると、どのような評価が可能だろうか。

1　ナチズムと戦後ドイツ社会――過ぎ去ろうとしない過去

戦後ドイツ社会と過去の認識

まず、当時のドイツが置かれた状況を見てみよう。

戦後のドイツ社会では、ナチ時代が遠ざかるにしたがって、対照的にナチズムが前景化した。一九六〇年代末の学生運動以降は、過去と対峙することがドイツ人のあるべき姿と考えられるようになったため、ことあるごとに社会に潜むナチ的なものが掘り起こされ、人々の眼前にさらされてきた。ナチズムを二度と繰り返さないために、学校では現代史に力点を置く歴史教育が行われ、これは「政治教育」と位置付けられてきた。こうして過去を反省し犠牲者に対して謝罪を続ける姿勢は、国家的な路線として確立した。

しかし、公的に後押しされる政治文化は、半ば強制的に賛同を求める「ポリティカル・コレクトネス」（PC）ともなる。実際に、政治家がナチズムやユダヤ人に関して言葉を間違えようものなら、すぐに反ユダヤ主義者と糾弾され、政治生命を絶たれてきた。これは現在に至るまで、歴史に関する政治家の「失言」が「個人の見解」として繰り返される日本とは対照的である。

政治的な正しさを求める風潮は、政治の舞台だけでなく、文化や芸術でも見られた。たとえば、歴史家論争が起こる少し前だが、ニュー・ジャーマン・シネマの旗手とされた映画監督ライナー・ヴェルナー・ファスビンダー（一九四五―八二）の戯曲、『ゴミ、都市、そして死』に対して激しい上演反対運動が起き、中止された。

その理由は、戯曲に「金持ちのユダヤ人」というキャラクターが登場し、これが不動産の売買で財を成した実在するユダヤ人――のちに在独ユダヤ人中央評議会の会長となるイグナツ・ブービス（一九二七―九九）であるが――を揶揄《やゆ》しているとされたためである。

劇中の「金持ちのユダヤ人」の人物描写は必ずしも否定的とは言えなかったが、「ユダヤ人＝金持ち＝貪欲」という反ユダヤ主義的なステレオタイプを連想させると批判されたのだ。

政権交代と二つの潮流

こうした政治文化が育った背景には、学生運動以外にも、一九六九年より政権を担ってきた社会民主党政権の政策も影響している。首相ヴィリ・ブラント（一九一三―九二）がワルシャワ・ゲットー蜂起記念碑の前で跪《ひざまず》いたように、歴史を真摯に「反省するドイツ」の姿は、ドイツの外交戦略上も有効であった。

しかし、一九八〇年代に入ると、こうした風潮への巻き返しも始まりつつあった。一九八二年に社会民主党からキリスト教民主・社会同盟へと政権が交代した。それ以降一六年間続く首相ヘルムート・コール（一九三〇―二〇一七）の時代は、冷戦が終結しドイツが再統一される歴史の大きな転換点となるが、コールは激動の時代にあって歴史認識が国家運営の鍵を握ることをよく理解し、戦後の歩みを総括する歴史政策を展開する。

まず一九八四年には第一次世界大戦の激戦地、ヴェルダンで当時のフランス大統領ミッテランと無言で手をつないで戦没者を追悼し、独仏和解を印象付けた。

翌年にはレーガン米大統領を招いて、武装親衛隊将校も眠るビットブルクの戦没者墓地を訪問し、かつての敵はいまや共産主義の脅威にともに戦う同志であるというメッセージを送った。このビットブルク訪問は、加害者も犠牲者も同じに扱うものとして、国内外の批判を浴びた。

コールは、保守政権のトップとして、社会民主党政権下でのさまざまな「行き過ぎ」を正すべきだと考える層を代弁する必要があった。こうした層が保守政権の支持層だったからである。彼らはドイツは十分に過去と向き合ってきたとし、無条件の贖罪《しょくざい》が求められた時代は近く終わり、過去への姿勢も「正常化」されるべきと考えていた。

つまり、一九八〇年代半ばのドイツは、過去について引き続き内省を求める流れと、そっとしておくべきと考える流れがあり、歴史家論争はこの二つがぶつかる場所で起きたものであった。

E=H・ノルテの問題提起

では、歴史家論争はどのように起きたのか、その経緯を追ってみよう。

論争の一極には、歴史家エルンスト＝ヘルマン・ノルテがいた（一九二三－二〇一六）。ノルテは現代史家ではあるが、実証的な歴史研究者というより、歴史哲学者、思想史家といった方が正しい。学問形成期には、ナチズムとの関係性が問題視されることもある哲学者マルティン・ハイデガー（一八八九－一九七六）の下でも学んでいる。

歴史研究者としてのノルテは『ファシズムとその時代』（*Der Faschismus in seiner Epoche* 一九六三年）で二〇世紀のファシズム体制を比較し、国際的な評価を得た。教授資格を取ってからは、ベルリン自由大学で長く教鞭を執った。

論争の直接の発端は、一九八六年六月六日、『フランクフルター・アルゲマイネ』紙がノルテの「過ぎ去ろうとしない過去」と題した文章を掲載したことによる。

ノルテは、いかなる出来事も時間が経てば必然的に歴史となっていくが、ナチズムの過去だけは時間が経てば経つほど顕在化し、過ぎ去ろうとしないと筆を起こす。古代ギリシアのダモクレスの逸話に譬え、ナチズムの過去は「裁きの剣のように現代の頭上に吊り下がっている過去」だという。気を抜けば頭に突き刺さり、ドイツの息の根を止める現実問題として存在していると言いたいのだろう。

さらにノルテは、ナチ体制下の強制収容所はソ連の強制収容所《グラーグ》に起源があり、人間を毒ガスで殺害したという「技術的な」点を除けば、ナチはソ連のシステムを模倣したに過ぎないと主張した。つまり、ホロコーストに前例があったというのである。

J・ハーバーマスの批判

ノルテに対するもう一方の極には、哲学者ユルゲン・ハーバーマス（一九二九—）がいた。ハーバーマスはフランクフルト学派の哲学者で、著書『公共性の構造転換』（*Strukturwandel der Öffentlichkeit* 一九六二年）は戦後ドイツの知的風景に大きな足跡を残した。政治的な発言も多く、左派知識人の代表として学生運動の世代の精神的な支柱となり、当時はフランクフルト大学の教授であった。

ハーバーマスはノルテの「過ぎ去ろうとしない過去」が掲載された一ヵ月後、七月一一日付『ツァイト』紙で「一種の損害補償」と題された文章を発表し、ノルテの主張は歴史修正主義であると批判した。「損害補償」とは、ナチ時代の歴史に修正を加えることで、ナチズムの犯罪性を弱め、精神的な損失補塡をしようとしているという意味である。ハーバーマスは、ノルテだけでなく、ほかにも「保守系」とされた歴史家たちに対する批判を展開し、彼らは政治的目的のためにナチ時代を相対化していると批判した。

批判の矛先はまず、当時の首相コールと距離が近いことで知られた現代史家ミヒャエル・シュテュルマー（一九三八—）に向けられた。彼はコール政権の歴史政策に関わり、国民の歴史意識を方向付ける国立の歴史博物館設立構想の中心にいた。そのため、「お抱え歴史家」との声さえあった。

また著書『二つの没落』（*Zweierlei Untergang* 一九八六年）で、第二次世界大戦末期に東部戦線で赤軍と戦うドイツ兵士の視点から歴史を書いたアンドレアス・ヒルグルーバー（一九二五－八九）も批判する。命を賭して戦う兵士の立場で歴史を書けば、英雄的かつ悲劇的になるのは当然で、そうした設定自体に問題があると指摘した。またドイツ国防軍の戦いを、ヨーロッパのユダヤ人社会の破壊と対置させて、どちらも「没落」と表現したことも問題視する。

ハーバーマスは、ドイツ社会は加害の過去を全面的に引き受け、犠牲者の記憶を守る共同責任があるとした。それゆえに、あえてメディアという公共の空間で論争を仕掛けた。こうして主に新聞紙上でハーバーマスに対する反論と応答が繰り返され、論争が展開されていく。

ナチズムの実証研究で知られたエーバーハルト・イェッケル（一九二九－二〇一七）、『フランクフルター・アルゲマイネ』紙の共同編集人であり、自身もヒトラー研究者であるヨアヒム・フェスト（一九二六－二〇〇六）、ユダヤ系の歴史家ミヒャ・ブルームリク（一九四七－）などが応答し、そこに海外のナチズム研究者やホロコースト研究者が加わって、論争はドイツ国境を超えて拡大していった。

ノルテにとって歴史の「修正」とは

ノルテの主張の核は、ナチズム起源の解釈の「修正」を訴えることにあった。「第三帝国の歴史もまた、今日、終戦後三五年の時点で、修正（Revision）を必要とするのではないか？」とノルテは問いかける。

ノルテにとって歴史の「修正」は、以前から彼の論考にしばしば登場するテーマであった。一九八〇年には紙上でこう書いている。

西側〔自由主義社会〕の学問にとっては、見直し（Revision）そのものが基礎的意味を持つ。見直しとはけだし、たんに個々の出来事だけでなく、有力な根本的仮定に対する不断に新しく加えられる批判のことである。どのような見直しも成果をあげれば、いずれもそれ自身が主張と化し、それとともに、時期に短長はあれ、いずれ新しい見直しの対象となる。

（『過ぎ去ろうとしない過去』徳永恂訳）

これは、歴史記述の学術的な「修正」では一般的に言えることである。序章で強調したように、修正それ自体は学術的な行為であり、書き直された歴史が主流化することもあるし、これにもまた修正が加えられるのが常である。

ノルテはさまざまな修正の例を挙げるが、たとえばキリスト教の救済史自体が、修正の繰り返しであったではないかと問う。たしかに、キリストの教えの正しさを示すために、キリスト教の歴史は何度も書き直されてきた。キリスト教を公認したローマ皇帝コンスタンティヌス帝が、領土を教皇に寄進したという「コンスタンティヌスの寄進状」のように、時には解釈を正当化するための偽造文書が出回ったこともある。後世の要請に合わせて、歴史文書の改竄が行われてきたのも事実だ。

近代の科学として実証史学が確立する過程でも、修正は行われてきたとノルテはいう。たとえばアメリカ南北戦争の歴史が、当初は勝者である北軍の視点から書かれていたが、しばらくして南部の視点に立った記述が出てきたことを例に挙げる。さらにドレフュス事件、ベルンシュタインによるマルクス主義批判、第一次世界大戦のドイツ戦争責任論の「修正」まで、その実例を挙げる。

第三帝国の歴史では、ノルテはイギリス人の歴史家A・J・P・テイラー（一九〇六－一九九〇）を引き合いに出す。テイラーは、著作『第二次世界大戦の起源』（*The Origins of the Second World War* 一九六一年）で、ヒトラーは大戦争を計画的に準備したわけではなく、ドイツが置かれた立場のなかで行動したに過ぎないと主張して、大きな議論を呼んだ。テイラー曰く、ヒトラーは西欧諸国の外交の失敗から漁夫の利を得ようとする日和見主義者であり、その対外政策自体もそれまでのドイツの政治家の政策と大差ないとした。「国際問題では、ヒトラーがドイツ人であったことを別にすれば、彼に悪いところは何もなかった」とまで記していた。

テイラーの解釈は歴史修正主義であると批判されたが、彼はヒトラーの日和見主義はドイツ国民の願望の裏返しであったとし、ドイツ国民を免罪してはいない。しかしドイツ人からはイギリスの著名な歴史家によりドイツの戦争責任が否認されたと受け止められ、歓迎された。

機能派・構造派との比較

さらにノルテは、いわゆる「機能派」「構造派」のナチズム解釈について、歴史修正主義ではないかと疑う。

機能派、構造派とは、ナチ体制を構造的に分析する解釈で、体制内部でさまざまな組織や集団が競合し、それらの相互作用により政策が急進化したと考える。この考えだと、巨大な官僚機構を持つ近代国家では、意思決定プロセスは複雑化し、個人の意志が実現する余地はあまりない。社会構造自体に急進化への傾向が内在しているため、極端な言い方をすれば、ヒトラーの命令がなくてもホロコーストは起こる。これに対し、ヒトラーの計画性やイニシアチブを重視する立場は「意図派」と呼ばれてきた。

一般的には、初期の歴史研究ではヒトラーの役割が重視されてきたため、意図派の解釈が主流であったが、一九七〇年代以降、ナチ体制についてマルティン・ブロシャート（一九二六―八九）やハンス・モムゼン（一九三〇―二〇一五）らの機能派の解釈が取り入れられるようになった。機能派の立場に立つと、ヒトラーの重要性が低下するため、こうした解釈が登場した当時は、機能派は歴史修正主義であるとの声もあった。

またノルテは、ホロコーストを分業化や効率化といった近代化の過程が必然的に行き着いた結果であるとした社会学的な主張も、歴史修正主義だとする。ホロコーストは人類史的例外であるという、それまでの見解と相容れないからだという。

つまり、ナチ犯罪は前例がないため他の犯罪とは比較できない、この立場から逸脱する者を歴史修正主義と言うならば、多くの歴史解釈が歴史修正主義だとノルテは言いたいのだ。ノルテはこうして自身の「修正」への試みを、歴史学の正当な手続きのなかに位置付けようとする。機能派を引き合いに出す意図はむしろ、こうした解釈に対しては歴史修正主義という非難がなされないのに、なぜ自分の「修正」や「比較」は批判されるのか、という点にあった。

2　ホロコーストの比較可能性、歴史の政治利用

ホロコーストは比較可能なのか

歴史家論争には二つの中心的な議論があった。一つはホロコーストが比較可能なのかとい

う問い、もう一つが歴史の政治利用の問題であった。

最初の点について考えよう。

「アウシュヴィッツの後に詩を書くことは野蛮である」という、哲学者アドルノのよく知られた言葉がある。実際にそれまで人間を毒ガスで殺害し焼却する、工場の流れ作業のようなシステムを生み出した国家は存在しなかった。ホロコーストは、人間性や文明の進歩について本質的な疑念を投げかけていた。アウシュヴィッツ以降、世界の前提は変更されてしまい、以前の基準はもはや適用できないように思われた。

哲学的なレベルの話だけではない。政治でもホロコーストが唯一無二《ユニーク》かどうかは重要な意味を持った。戦後に誕生したイスラエルという国家が、ドイツに対して賠償を要求する根拠となったからである。本来、ホロコーストが実行されていたときに存在しなかった国が、事後的に国家賠償を請求することは、国際法的には不可能だ。しかし、例外的な事例には例外的な対応が必要であるという主張が、ユダヤ人の補償要求を支えていた。

一九六一年にイスラエルがアドルフ・アイヒマン（一九〇六－六二）をアルゼンチンから拉致してエルサレムで裁いたときも、ホロコーストが唯一無二であることがイスラエルの行為を正当化する根拠となった。特別な悲劇であるからこそ、ユダヤ人には裁く権利があると見なされたのだ。

また、時に国際法を無視して周辺のアラブ諸国に対して行われるイスラエルの先制攻撃も、第二のホロコーストを予防するといった理由で正当化されてきた。

こうした「唯一無二」なホロコースト像に対してノルテは、大量殺戮《さつりく》には先例があるはずで、それがソ連のスターリンによる犯罪だという。ノルテの理解では、ホロコーストもアウシュヴィッツもドイツの発明ではなく、ソ連の体制に起源がある。ノルテはソ連の「収容所群島」の方がアウシュヴィッツよりいっそう始原的だと言う。

「収容所群島」とは、ロシアの作家アレクサンドル・ソルジェニーツィン（一九一八―二〇〇八）の書籍名である。このノーベル文学賞作家は、同書でスターリン体制下の強制収容所での労働や処刑など過酷な実態を告発し、世界に衝撃を与えた。

ソ連が国内の特定集団に対して、凄惨な迫害を行ったことは現在ではよく知られている。一九三〇年代のウクライナ地方で発生した大飢饉（ホロドモール）では、四〇〇万人とも言われる餓死者を出した。これは人為的な飢饉であったと言われている。

階級の敵と見なした富農《クラーク》やインテリ層を、シベリアの極寒の地や不毛な中央アジアの収容所へ送り、強制労働で死亡させた。

さらにドイツ系や朝鮮系など特定の民族集団を、本来の居住地から遠く離れた場所に強制移住させ、歴史的に形成された社会や文化を破壊した。

長期にわたるスターリニズムの犠牲者は、一〇〇〇万人に近いとされるが、これが対外的な戦争による犠牲者などではなく、自国民に対する犯罪だったことは強調してもよいだろう。

被害にあった人数だけ見れば、スターリンのソ連は、自国民に対してナチズムより過酷な体制であった可能性がある。ただし、歴史家論争の当時はまだその実態はよく知られていなかった。

ナチズムもホロコーストも「例外」

ノルテによる比較の提唱は、当時ユダヤ人、ドイツ人を問わず多くの人を立腹させ、不快にさせた。ホロコーストと他の歴史事象との比較は、慎重に避けられてきたからだ。たとえばナチ迫害により、ユダヤ人以外にもジプシーと呼ばれたロマ民族も多数殺害されている。だが、ユダヤ人とロマの虐殺は同等に扱われてこなかった。ドイツからユダヤ人は最初に個人補償を受けたが、ロマへの補償はかなり遅れた。

第6章、第7章で詳述するが、二〇世紀初頭のアルメニア人虐殺との比較もされてこなかった。

ホロコーストは「悲劇の中の悲劇」と位置付けられてきた。ドイツ自身も、この位置付けを受け入れてきた。なぜなら、ドイツ人もナチズムは一種の「事故」であり、文明国家ドイツが奈落の底に落ち込んだ例外的な時代と考えてきたからだ。国民はヒトラーに騙《だま》されたのであり、ナチズムはドイツ人の本質とは相容れないと見なしてきた。そうするとホロコーストも「例外」という解釈が成り立つ。

西ドイツの政治体制は、こうした認識のうえに構築された。国民からは内心過剰であると受け止められていた犠牲者への謝罪や、終わりがないように思われた補償、メディアでの重点的な扱いなどは、ホロコーストをきわめて特異と位置付けることにより可能となってきた。ホロコーストが特別であるという認識は、さまざまな特別対応を可能としてきたのだ。ノルテによる比較の提唱は、それまでのドイツの政治的立場を揺るがす可能性もあり、それゆえに攻撃的であると捉えられた。

ノルテの何が問題だったか

ノルテに批判が集まったのは、他にも理由がある。ノルテの主張には歴史修正主義的な要素が入っていたからだ。たとえば、ユダヤ人社会の国際的な指導者であったハイム・ヴァイツマン（一八七四－一九五二）が一九三九年に、ドイツと戦争になればパレスチナのユダヤ人はイギリス側に立って戦うと語った事実を、ドイツに対する宣戦布告と受け止めている。

こうした解釈は、ヒトラーのユダヤ人に対する政策はユダヤ人の側に原因があり、戦争はユダヤ人が始めたというホロコースト否定論者の主張に近い。宣戦布告と見なせば、ドイツ政府がユダヤ人を強制収容所に送ったのは、潜在的な敵国民に対する一種の予防措置であったことになるからだ。

こうした主張は、被告の情状酌量を求める弁護士の陳述のようにも聞こえるが、ノルテはホロコースト否定論者では決してない。

彼はユダヤ人の虐殺は厳然たる事実として認めており、これを否定するラスィニエやバッツ、アーヴィングらのホロコースト否定論者を、手厳しく批判している。アーヴィングのヒトラーは「最終解決」については何も知らなかったという主張について、「まったくあからさまにヒトラーを弁護すること」であると断じている。

では、ノルテの何が問題だったのか。それは実証を欠いたことにある。

彼の主張は、実はソ連の収容所群島がアウシュヴィッツに時間的に先んじたということを言っているに過ぎない。だが、両者に因果関係があるように見せている。ナチズムがボルシェヴィズムをモデルにしたという解釈は、実証的には根拠薄弱だ。

またノルテはソ連の収容所群島がアウシュヴィッツの先例と主張しながら、具体的な検証を行っていない。それにもかかわらず、繰り返し「比較可能なのではないか」「前例があったのではないか」「〜と解釈できないか」といった「疑問」を投げかける。

疑念だけを表明する点は、多くの歴史修正主義に共通する。問いを立てるが、証明はしない。主張する本人が証明できないことを知っており、証明するつもりもないからである。

ただし、こうした戦術に意味がないわけではない。なぜなら、歴史修正主義は問いを立てながらも回答しないことで、論破されている印象も免れる。論点をずらし、議論のルールをすり替え、批判されると「問うこと自体は自由である」と開き直る。このため歴史修正主義は、議論としては常に劣勢でありながらも、決して消えることがないのだ。

歴史の政治利用とは

歴史家論争のもう一つの中心的議論は、歴史の政治利用の問題であった。

ドイツの論争が世界で関心を集めたのは、どの国にも国家アイデンティティを強化することを目的とした歴史記述があり、歴史はその担い手であるべきか議論されてきたからだ。多かれ少なかれ、それぞれの国の「歴史家論争」がある。

たとえば日本だ。日本は敗戦国として、加害国として、過去をどのように記述するか長く苦心してきた。日本人の犠牲者だけでなく、アジアの犠牲者をも悼む歴史記述が、国民的合意を得ることは難しかった。

一九九〇年代後半には、第二次世界大戦をより肯定的に記述することで「自虐史観」からの脱却を図ると主張する団体も生まれ、「新しい歴史教科書をつくる会」（略称、「つくる会」）を名乗った。「つくる会」は日本人として誇りを持てる歴史を提示することで、歴史を国民の紐帯《ちゅうたい》とし、愛国心を高めると謳っていたが、こうした議論はドイツとそっくりである。

では、歴史家論争では具体的にどのような点が歴史の政治利用と言われたのだろうか。

たとえばエアランゲン大学の現代史家、ミヒャエル・シュテュルマーだ。先述のように、彼はコール政権の歴史政策に関わり、「歴史はアイデンティティへの道標を約束する」と言って憚らなかった。

彼はノルテの文章に先立つ一九八六年四月の『フランクフルター・アルゲマイネ』紙上で、「歴史なき国における歴史」という論考で次のように記している。「歴史なき国において将来を獲《か》ちえるのは、記憶を満たし、概念を定め、そして過去を解釈する者である」と。

この言葉は、序章で紹介したジョージ・オーウェルの小説『一九八四年』を思い出させる。主人公ウィンストンは、全体主義的な国で党の命令を受けて過去の改竄を行っている。党のスローガンは言う。「過去をコントロールするものは未来をコントロールし、現在をコントロールするものは過去をコントロールする」

シュテュルマーは、歴史を国民意識のバックボーンとし、歴史家が意味の創造者となることを是認する。彼は、ドイツ国民が一体となれるような歴史認識が必要だと考えていた。なぜなら歴史なき民は根無し草であり、共同体として、国民として団結することができない。そうした国家は外部からの挑戦に立ち向かうことができず、国際政治における国家間の熾烈《しれつ》な争いを生き抜くことはできないからだという。

しかし現実には、ドイツ人のナチ時代に対する歴史認識は世代で断絶し、連続性がないとシュテュルマーは嘆く。国家への帰属意識を持たすことは、東ドイツと国境線で対峙していた西ドイツにとっては、十分に死活問題であったにもかかわらず。

シュテュルマーのように、歴史の解釈を国家の利益や政策と結び付ける考えは、一部の政治家と共鳴する。たとえば歴史家論争当時、政権与党のキリスト教民主・社会同盟の院内総務を務めていたアルフレート・ドレッガー（一九二〇―二〇〇二）である。

ドレッガーもシュテュルマーのように共通の「歴史の喪失」を嘆いていたが、これは戦後ドイツによるナチの過去との取り組み方のせいだと考えていた。「いわゆる〈過去の克服〉はたしかに必要なことであったが、われわれの国民から未来を奪い取るためにこれを乱用する者に、われわれは異議を申し立てる必要がある」とドレッガーは言う。ナチズムの過去と向き合うための政治的・教育的取り組みが、健全な愛国心の育成を阻害し、ドイツの未来を損じたというわけだ。

ナショナルヒストリーの限界

これらに対してハーバーマスは、現在に奉仕させるための歴史を書くことを歴史修正主義と批判した。ところが、シュテュルマーやその後ろに控える政権保守派は、国家のよりよい未来のために肯定的な歴史を書くことのいったい何が悪いのか、と開き直るかのようであった。

国家にとって、民主主義的な価値と社会的責任感を持つ市民の育成が重要であることは、言うまでもない。国民が歴史を共有することによって、つまり自身を国の歴史の一部だと感じることで、積極的に共同体と関わることができるならば、誰もが誇れる歴史を提示することに問題があるのだろうか。「歴史の政治利用がなぜ悪いのか」という問いに対して、歴史学はどのように答えるのだろうか。

まず、歴史を書く際の基本的な姿勢に立ち戻る必要がある。序章で述べたようにランケは、歴史家は「実際にいかにあったか」を記すべきであり、歴史学の役割は過去の過ちから教訓を垂れたり、未来への指針としたりすることではないと言った。可能なかぎり客観的に、価値中立的に歴史を記すことが、ランケ以降は歴史学の合意事項となっている。

また、歴史とは全体のことであり、任意の点だけを線で結んでつなぐことではない。現状を正当化するのに都合のよい事実だけを選び出して歴史を書けば、実際に起こったことからかけ離れた姿になるだろう。

ところが、国家の利益になるような歴史を示すことに、特に問題はないと考える政治家は多い。それは、これまで歴史とは、基本的に国のための物語であったからだろう。歴史と言えば「国民史」（ナショナルヒストリー）であり、国や民族の歴史は多くの場合に対立する国や民族との関係性のなかで記されてきた。このため小国の歴史は、周辺の大国への抵抗の語りに終始してきた。また広範な抑圧を伴った植民地帝国の歴史は、「未開」の地に「文明」の恩恵をもたらす物語として正当化されてきた。

こうした伝統的な歴史記述に対して、歴史を書く主体としての地位を奪われていた人々からの異議申し立てが行われるようになって久しい。マイノリティの歴史、女性の歴史、植民地の歴史など、主流派以外の歴史が書かれるようになった。さらには近年「グローバルヒストリー」と呼ばれる、国家や地域を越えた交流など、相互作用から歴史を記す流れもある。

未来を閉ざす歴史の政治利用

国の枠組みを超えた歴史を書く試みは、たとえばドイツとフランスで共通の歴史教科書が作られたり、「ヨーロッパ」を一つの単位として捉え直す流れにも見られる。

ナショナルヒストリーの枠組みが維持されるアジアでさえ、自国中心主義的でバランスを欠く歴史記述は軋轢《あつれき》を生みやすいため、一定の抑制がきくようになっている。物や人の流れがグローバル化した現代では、歴史記述が経済的利益と連動するようになっているからだ。このため現在では、国家中心主義的な歴史観を全面的に打ち出す国は、独裁国家くらいしかなくなっている。

たしかに国民のアイデンティティを鼓舞する歴史記述は、国民の帰属意識を強化する肯定的な側面がある。だが、それゆえに対外的な対立が長期化する要因ともなる。自国を自画自賛する歴史、もしくは逆に犠牲の側面ばかりを強調する歴史は、他者が他者であり続けることを前提としている。それは交渉の可能性を排除し、将来に取り得る選択肢を限定する。つまり、対立を再生産するのである。

たとえばパレスチナ問題の歴史について、パレスチナ人とユダヤ人の記述はまったく異なる。ユダヤ人は長い流浪の時代から筆を起こして、悲劇の後についに実現したユダヤ人国家を守る歴史として描く。対してパレスチナ人には、よそ者に突然故郷を追われた苦しみと、抑圧からの解放への闘いの歴史である。

アルメニア人虐殺をめぐるアルメニア人とトルコ人の記述の隔たり、慰安婦についての韓国と日本の記述の相違など、数多く存在する。これらは本来、並列で対置すべきものではない。両者を一つの歴史の二つの解釈と位置付けるところに、歴史修正主義が紛れ込むからだ。

しかし、対立に基づく歴史観に慣らされた人々は、国益だと国が説くものを守ることが愛国心であるという単純な等式を受け入れやすい。問題はこれが、他者と見なした集団の排除を誘発し、さらなる他者が生み出されることである。

自国中心の歴史記述により、国内の団結は維持できるかもしれない。しかし長期的に見ると、自国民のみが満足する歴史は、将来の選択肢をせばめている。対立が持続することによって、失われる機会も多いからだ。つまり国家アイデンティティを強化することを目的とする歴史記述は、実は利益にさえならない可能性が高いのだ。

3 冷戦後の遺産——「否定」排除の社会的合意

一九九五年、国防軍の犯罪展

歴史家論争から三〇年以上経過した現在、この論争を振り返ると、どのような評価ができるだろうか。中心的な論点であったホロコーストの比較可能性と歴史の政治利用は、どのような総括が可能だろうか。

前者については、ソ連が崩壊し、共産主義体制が終焉したことで状況は一変した。一九九〇年代以降、スターリン体制の犯罪が本格的に研究されるようになり、それまで左派の間で理想化される傾向があった社会主義国家の実態が明らかとなった。一九九七年にフランスの歴史家による『共産主義黒書』が発表され、ソ連の強制収容所の犠牲者についても、より詳細に知られるようになった。

二〇〇〇年代に入ると「ジェノサイド研究」が進展した。この学問領域では、さまざまなジェノサイドの背景、アクター、展開を分析することで、大量殺害の共通点があぶり出され、また特異点が明らかになる。比較は当然の要素とされる。

その結果わかったのは、組織的な虐殺にはしかるべき体制や組織が必要であり、そうしたシステムには当然のことながら共通性があるという点だ。また犠牲となるのが人間である以上、その反応や克服にもやはり似通った部分はある。

こうしてホロコーストと他のジェノサイドの比較に対する抵抗感は弱まり、「唯一無二」な出来事としてのホロコーストの地位は相対化された。

対して、歴史の政治利用については、問題は依然としてある。一九九〇年代以降もドイツではいくつか歴史論争が繰り返され、ナチズムとドイツ人のアイデンティティをめぐる議論は続いた。

まず一九九五年から始まった「国防軍の犯罪」展をめぐる議論がある。これは、左派的な立ち位置で知られるハンブルクの社会研究所が企画した巡回展示で、国防軍のホロコーストへの関与を明らかにするものであった。

それまでナチ体制下のドイツ国防軍については、親衛隊などのヒトラーの軍事組織とは異なり、規律ある軍隊の伝統に立つ「クリーンな」集団であったと言われてきた。実際、国防軍は前線の背後で行われた民間人の虐殺などで、中心的な役割は担っていない。このため国防軍にはホロコーストの責任はないとされてきた。しかし、実際には、国防軍兵士がユダヤ人の連行や作戦が展開する地域の封鎖、監視など、ホロコーストの後方支援を行い、一部には残虐行為もあった。

国防軍の犯罪展の巡回は、一部で強い反発を引き起こした。多くの国防軍兵士が命を落とし、彼らを追悼し、その不在を乗り越えてきた時代が記憶に残るなか、国を守るために死んだ自分の父や祖父が犯罪者であったという告発に心情的な反発が出ないはずはない。たとえば先の歴史家論争で過去の克服のあり方を批判していた政治家ドレッガーは、国防軍兵士として戦った人物でもあるが、彼はこの展示をまさにドイツに対する攻撃だと大反対した。

他方で、国防軍の犯罪展が反発を受けたのは、兵士の名誉を傷つけること以上に、実はドイツ兵が実際より「悪く」描かれていると感じた人がいたからだ。つまり、ドイツの恥部をさらすことにより、政治的な方向付けがされているという疑念だ。これはある種の歴史修正主義と呼べなくもないが、そうした批判は聞かれなかった。

ゴールドハーゲン論争——「ナチ」ではなく「ドイツ人」

翌一九九六年には、アメリカ人の政治学者による一冊の本が再びホロコーストの起源に関する論争を再燃させた。ハーヴァード大学の若い研究者ダニエル・ジョナ・ゴールドハーゲン（一九五九－）が発表した、『普通のドイツ人とホロコースト』（*Hitler's Willing Executioners*）による、いわゆる「ゴールドハーゲン論争」である。

ゴールドハーゲンの主張は、抹殺志向の反ユダヤ主義に染まったドイツ人が、ユダヤ人を自発的に殺害したというものである。だからゴールドハーゲンは、加害者の集団を「ナチ」や「親衛隊員」ではなく、「ドイツ人」と呼ぶ。ゴールドハーゲンの主張は、ホロコースト研究の第一人者として知られるクリストファー・ブラウニングが、ホロコーストの実行者を「普通の人びと」と呼び、政治信条も異なる普通の男たちが、状況と環境により殺人者に変質する様子を描いたのとは逆の方向性である。

ゴールドハーゲンは、端的に言うとホロコーストはドイツ人であったから起こったとする。

これはナチズムをドイツ民族の遺伝子のなかに見出そうとする、終戦直後のドイツ人集団罪責論の焼き直しだという声が上がったのももっともだろう。

またゴールドハーゲンの主張には、歴史修正主義との疑いもあった。たとえば彼は各国における反ユダヤ主義の浸透や形態の違いなど、自身の論を支えるのに必要な比較を行っていない。当時のドイツ人にだけにホロコーストが可能であったと結論するならば、他のジェノサイドとの比較は必要だろう。また、ブラウニングがゴールドハーゲンに対して、史料の恣意的な選択や抜粋を指摘している。しかし、ゴールドハーゲンを歴史修正主義者と批判する声を耳にすることはなかった。

ドイツに限らず言えることだが、歴史修正主義という言葉は、国家や国民による不正を矮小化する主張のことを指し、逆にその責任をより重く評価する考えには使われないのである。

鳴り止まぬ拍手──ホロコーストPC批判

一九九八年には、二つの論争のバックラッシュとも言える「ヴァルザー＝ブービス論争」があった。

作家マルティン・ヴァルザー（一九二七―）が、ある文学賞の授賞式で、ホロコーストをめぐるドイツの「ポリティカル・コレクトネス」を批判したのだ。ドイツは尽きることのない非難で誇りを失い、国家としての方向性を喪失した、犠牲者の側に立つことが前提とされ、過去の克服は形骸化した。そしていまやユダヤ人が、道徳という名の棍棒《こんぼう》を片手に規範を踏み外す者を監視している……。きわめて攻撃的な内容の講演であった。

こう語ったヴァルザーへの拍手は鳴りやまなかった。ホロコーストについて延々と聞かされるのは、もううんざりだと多くの人が感じていた。ヴァルザーは、一九九〇年代に散発的に続いていた歴史論争に倦《う》んでいたドイツ市民を精神的に解放した。

ヴァルザーの発言に対しては在独ユダヤ人中央評議会会長イグナッツ・ブービスを始め、ユダヤ人からの反論が相次いだ。しかし歴史家論争のときとは異なり、ユダヤ人による批判は世論の強い支持を得ることはなかった。一九八六年の論争時から、社会の雰囲気は変わったのだ。冷戦が終結し、国家が統一され、自信を取り戻したドイツでは、過去に終止符を打とうとすることが必ずしも歴史修正主義と批判されなくなっていた。

歴史家論争の評価

現在から見ると歴史家論争は、本質的には学術論争であった。ノルテら保守派の主張に歴史修正主義的な動機が見え隠れすることはあったが、歴史家と歴史修正主義者の論争とは言いがたかった。

またこれは政治的な論争であった。実際には、ドイツが戦後進めてきた過去の克服の評価が問われていたのだ。

そして、これは冷戦という時代背景に大きく規定された論争であった。東西対立が解消したことで、歴史を使って政治を正当化する必要性は弱まった。

歴史修正主義との関係で、歴史家論争に大きな功績があるとすれば、ナチズムの歴史に関し国民も巻き込んだ議論が行われたことで、ドイツ社会が悪質な歴史の歪曲と、許容範囲にあるさまざまな歴史解釈とを、区別することができるようになったことではないだろうか。実際、当時北米で拡散していたツンデルらのホロコースト否定論が、歴史家論争の議論に入り込む余地はほぼなかった。

歴史家論争を通じて、極端な歴史の歪曲や史実の悪意のある否定を、百害あって一利なしと断言する社会的合意が形成され、これはのちの章で見るホロコースト否定論の法規制を導入する下地となっていく。

第5章　アーヴィング裁判——「歴史が被告席に」

二〇〇〇年一月一一日、ロンドンの王立裁判所で訴訟「デイヴィッド・アーヴィング対デボラ・リップシュタットとペンギンブックス」が開廷した。イギリス人の著述家デイヴィッド・アーヴィングが、アメリカ人の歴史家デボラ・リップシュタットと彼女の本の出版社を名誉毀損で訴えた裁判である。

アーヴィングは、戦争をテーマとした著述家としては、かなり成功した人物である。第二次世界大戦中のドイツに関する多くの著作があり、そのなかにはベストセラーもいくつかある。それらは幅広い読者を想定した歴史の「読み物」と位置付けられるもので、研究書とは言えないが、ドイツ軍事史の分野では一定の評価を得ていた。しかし一九七七年に『ヒトラーの戦争』を出したあたりから、ホロコーストはヒトラーの知らないところで部下たちが勝手に実行したものであると、アーヴィングは主張するようになった。

対するリップシュタットは、ドイツとポーランドにルーツを持つユダヤ系のアメリカ人で、アメリカのユダヤ史を専門とし、ジョージア州アトランタの大学で教鞭を執っていた。彼女は一九九三年に『ホロコーストの真実』(*Denying the Holocaust*)を著し、アーヴィングを「危険な否定論者」と著書のなかで名指しで痛烈に批判していた。これに対して一九九六年、アーヴィングがリップシュタットを訴えたのだ。

イギリスの名誉毀損裁判では、訴えられた側が自説の正しさを証明する責任を負う。このためリップシュタットは、アーヴィングが実際にホロコースト否定論者であり、自分の発言は正しく、アーヴィングの名誉は傷つけられていないと証明しなければならなかった。

この裁判は「歴史が被告席に立たされた」と言われ、世界的な注目を集めることになる。では、実際に何が争点とされたのだろう。

1 リップシュタットは何を問題としたか

D・アーヴィングという男

デイヴィッド・アーヴィングは、一九三八年にイギリスのエセックス地方で生まれた。ナチ・ドイツがオーストリアを併合し、チェコのズデーテン地方の併合へと動き出す頃である。翌一九三九年九月にドイツはポーランドに侵攻して第二次世界大戦が始まるため、アーヴィングの幼少期はナチ・ドイツによるヨーロッパの侵略と、続く没落と重なっていたと言える。

アーヴィングは戦争により大きな影響を受けたイギリス人の世代に属している。一九四〇年に始まるドイツのロンドン空爆もあって、この時代を知るイギリス人は、ドイツに対しあまりよい感情を持っていないことが多い。しかしアーヴィングはドイツに親近感を抱いていたようで、学生時代からヒトラーを称えるような発言で物議を醸《かも》し、一九六〇年から一年ほどドイツに出稼ぎに行っている。

ドイツでの一年で、アーヴィングはドイツ語を習得しただけでなく、歴史に関心を持つようになったようだ。出稼ぎ先で知り合ったライプツィヒ出身者から、連合軍によるドレスデン爆撃の話を聞き、一九六三年に出版される『ドレスデンの破壊』（*The Destruction of Dresden*）という処女作の執筆が始まった。

ドレスデン爆撃は、一九四五年二月に英米軍により行われた大規模な空爆で、これにより街は焼き尽くされ、多数の焼死者を出した。一九六〇年代当時、ヨーロッパではまだ加害者としてのドイツのイメージが強く、ドイツ人の被った犠牲について語りづらい雰囲気があった。このため、ドイツ側から見た爆撃の悲劇を描いた『ドレスデンの破壊』は、歴史に新しい光を当てるものとして注目を浴びた。アーヴィングはこのなかで死者数を二〇万人ほどとしたが、現在の研究では二万五〇〇〇人ほどであったとされている。

この処女作の成功により、アーヴィングは著述家としての道を歩み始めた。彼はきわめて多作であり、ドイツ軍人の評伝や、ゲーリングらナチ高官の伝記、秘密兵器の開発、ニュルンベルク裁判に関する作品を次々と発表し、ドイツ現代史研究にアーヴィングありと言われるようになった。

しかし、アーヴィングは在野の歴史家であり、歴史の専門教育を受けてはいない。インペリアル・カレッジやロンドン大学などで学んだものの、経済的な理由から大学の教育を修了できなかった。歴史書の執筆は独学で習得したようだ。精力的に史料を渉猟し、関係者を探し出してインタヴューするというスタイルだった。

歴史の語り手としてのアーヴィングに疑問符がつけられるようになるのは、一九七七年の『ヒトラーの戦争』あたりからである。この本でアーヴィングは、執務室に座るヒトラーの目から見た歴史を描くことを試みたとし、独裁者は祖国への愛に満ち、合理的な判断を行う卓越した指導者として描かれている。

ヒトラーは一九四三年まで知らなかった

この本が物議を醸したのは、ヒトラーはホロコーストについて一九四三年まで基本的に知らなかったと主張したからだ。ヒトラーが知らぬあいだに、親衛隊全国指導者ハインリヒ・ヒムラー（一九〇〇－四五）と、その部下ラインハルト・ハイドリヒ（一九〇四－四二）がホロコーストを推し進めたのだという。むしろヒトラーは、ユダヤ人の殺害を知ったときには、これを止めようとしたともいう。

アーヴィングは持論を展開するにあたり、実際にヒトラーがホロコーストの実行を命じる文書は見つかってないと主張した。アーヴィングはのちにヒトラーの命令が書かれた文書を発見した人間に報奨金を出すとまで約束している。

歴史学では、特定の事柄の証拠となる文書が存在しないことは、出来事の背景に意図や計画が存在しなかったことを意味しない。ヒトラーのような強力な指導者が君臨する体制下、トップの決定なしに、部下が勝手に戦争の行方を左右するような大がかりで重要な政策を始められるとは考えられない。特定の命令の存在を示す文書がないからといって、その存在を推測するに足る十分な状況証拠がある場合、結論にはあまり影響がない。

なぜなら、繰り返し述べているように、歴史とは一点ではなく、全体であるからだ。いくつかのピースが欠けているジグソーパズルでも、遠くから見れば全体像が浮かび上がるのと同じで、周囲との関係性のなかから、かなり正確な推論を立てることができる。

実際、ユダヤ人の虐殺命令は、一九四一年夏頃にヒトラーにより口頭で下されたと考えられている。これが当時バルト地方などに展開していた移動銃殺部隊である行動部隊に伝達され、対ソ連戦の前線の背後でユダヤ人を中心とした民間人の大量銃殺が始まり、ホロコーストが開始された。

一九四二年より、ポーランドのユダヤ人を抹殺するラインハルト作戦が始動し、ガス室を持つ絶滅収容所が建設されていく。これらは容易には近づけない辺鄙《へんぴ》な場所に作られることが多く、ナチは絶滅収容所への移送を「再定住」、ガス殺を「特別措置」と呼んで実態を隠蔽した。

ナチはその犯罪性を十分に認識していたから、兵士が祖国の家族に送る野戦郵便を注意深く検閲し、戦地で撮られた写真などが手紙に紛れ込まないように監視した。ソ連軍の反撃が始まってドイツの戦局が悪化すると、親衛隊は犯罪の証拠を抹消すべく、埋められた犠牲者の遺体を掘り起こして、焼却して回ったのである。

こうした組織的な殺戮が、ヒトラーの知らないところで進行したと結論するのはきわめて困難だ。

「ロイヒター報告」を根拠に

アーヴィングは、一九八〇年代前半まではホロコースト否定論者であるとまでは言えなかった。『ヒトラーの戦争』ではヒトラーの関与はともかく、ホロコースト自体あったことは記している。ところが一九八〇年代末より、明らかにホロコースト否定論者に転向し、史実を否定する発言を繰り返すようになった。アーヴィングが一線を越えた理由は何だったのだろうか。

一九八八年には、アーヴィングはトロントで第3章で述べた第二ツンデル裁判に被告側証人として法廷に立っている。ここでフォリソンやクリストファーゼンなど、各国の歴史修正主義者と接触を持ったことが、一つの転換点になったようだ。

なかでも「ロイヒター報告」が決定的であった、とアーヴィング自らは言う。ガス室の残骸からシアン化合物の痕跡が検出できなければ、ガス室として使われたことはないはずと確信したと。アーヴィングはロンドンに設立した自分の出版社でロイヒター報告の販売を始めた。自ら序文を寄せて、「ツンデル裁判の専門家証人として呼ばれた際に、私は初めてこの証拠を見た。その整合性には疑いがない」と記している。

アーヴィングは、一九八九年にベルリンでロイヒター報告の出版記者会見を行っている。ここでジャーナリストの質問に答えて次のように語っている。

記者　アーヴィングさん、あなたはガス室をおとぎ話だ、むしろプロパガンダと言っています。ではその場合、誰がこのおとぎ話やプロパガンダを思いついたのでしょう。
アーヴィング　私たち、イギリス人が考え出したのです。すでに一九四二年の段階で、政治戦執行部*がこの嘘を練り上げていました。
記者　あなたの意見では、アウシュヴィッツとは何ですか。
アーヴィング　労働収容所です。産業のために強制労働が必要でしたから。
記者　ではなぜアウシュヴィッツは絶滅収容所と呼ばれているのですか。
アーヴィング　私は呼んでいませんよ。あなたとドイツ人の歴史家がそう呼んでいるだけです。絶滅収容所とか、死の収容所とかいった言い方は、ドイツ人の名誉を損なうも

のです。（裁判資料より）

＊注記　Political Warfare Executive：第二次世界大戦中にイギリスで対敵プロパガンダを担当した部署

ホロコースト否定論者へ

一九九〇年代初頭、アーヴィングは頻繁にドイツに講演旅行を行っている。当時は、統一ドイツ内でネオナチによる暴力的な排外主義が噴出した時期であった。ユーゴスラヴィア内戦によるドイツへの大量の難民流入があり、外見から外国人と判断された人が暴行を受けたり、移民や難民の施設が放火されて死者が出たりする事件が相次いだ。議会でも極右のドイツ国民民主党が議席を伸ばしていた。

ホロコースト否定論は、極右の伸張とともに支持者を増やしていく。ドイツ国民民主党の党首ギュンター・デッカート（一九四〇─）が、国内のホロコースト否定論者の旗振り役となっていた。デッカートは高校教師であったが、極右の政治活動とホロコースト否定により解雇された人物である。彼は一九九一年にドイツで自称歴史修正主義者の大会を開き、フレッド・ロイヒターなどを招待した。ロイヒターはこれが理由で数年後にドイツで逮捕されることとなる。

こうしたなか、アーヴィングが一九九一年に『ヒトラーの戦争』の新版を刊行する。新版では一九七七年の版にはあったホロコーストへの言及は、曖昧な表現に置き換えられていた。

「ユダヤ人の全滅」は、「ユダヤの悲劇」や「ユダヤ人に対する冷遇」といった表現に替えられ、旧版にあったガス室の記述も、新版では「うわさ」に替えられていた。

アーヴィングはまた、ホロコーストについて極端に歪曲する発言を繰り返すようになった。たとえば、犠牲者を「死者」と呼んで、多くは栄養失調や病気、衰弱などで死亡したに過ぎないというニュアンスで語るようになった。栄養失調や衰弱で死亡するような環境を作ること自体がすでに殺人だが、この点を問うことはしない。

さらにアーヴィングは、一九四二年から四四年の三年間のアウシュヴィッツの死者を四万人ほどとした。これは一九四三年のイギリス軍のハンブルク空襲による一晩の死者と同じ規模であるなど、頻繁に連合軍の攻撃によるドイツ人犠牲者数と比較する。ちなみにアウシュヴィッツでのユダヤ人の死者総数は、一一〇万人ほどと推測されている。

連合軍によるドイツの都市の空爆犠牲者との比較は、『ドレスデンの破壊』以来のアーヴィングの関心のあり方を示している。人種的理由で抹殺が試みられたホロコースト犠牲者と、戦争の一局面としての空爆による死者はまったく性格が異なるが、両者を「戦争の犠牲者」として一括りにする。死者は死者である点で平等というわけだ。

この頃、アーヴィングは自分は「本当の歴史」のために、「一人で聖戦《インティファーダ》を戦っている」と豪語していた。それは詰まるところ「私にとっての本当の歴史」に過ぎない。だがアーヴィングは自分の見解と異なる歴史記述を否定してはいない、と言う。

〈私が語る歴史のほかに、汝、歴史を持つなかれ〉などと言うほど、私は思い上がってはいない。私が示す歴史だけが正しい歴史であり、他のヴァージョンはみな間違っている、別の歴史像を広めたりしてはならない、などと言う権利は誰にもない。それが私が『ヒトラーの戦争』で言いたかったことだ。（『ヒトラーについての嘘』*Lying about Hitler*）

ここには歴史修正主義者や否定論者がよく使う「私にとっての真実」というレトリックが浮かび上がる。歴史は一つではない（それは正しい）、どの歴史も絶対ではない（それも正しい）、したがって自分は歴史の一つのヴァージョンを示しているに過ぎない、と言う。この主張は一見したところ正しいが、内容を精査すれば、それが歴史のもう一つのヴァージョンなどではなく、単なる歪曲であることがすぐわかる。

リップシュタットの執筆動機

一九九三年にデボラ・リップシュタットが『ホロコーストの真実』を書いたのは、ホロコースト否定論を名指しし、あぶり出して、批判するためであった。ホロコースト否定論者に、これはもう一つの歴史であるなどと主張させてはならないと考えたのだ。

この本は、ホロコースト否定論を網羅的に扱った最初の本と位置付けられる。「最初の本」と言われるのは、このテーマを真面目に取り上げた研究者がそれまでいなかったからだ。当時は歴史家がホロコースト否定論者の根拠のない主張を検証する価値はないと思われていた。またツンデル裁判が示したように、ホロコースト否定論を正面から取り上げると支持者を開拓するおそれがあった。そのため、相手にせず黙殺するべきという考えもあった。

Ｄ・リップシュタット（左）と弁護士アンソニー・ジュリウス PA Images/Aflo

リップシュタット本人はこうした姿勢には一理あるとしながらも、歴史に明るくない人がホロコースト否定論を歴史の一解釈だと誤解する危険が残ると考えた。彼女はホロコースト否定論者の主張が実際には科学的根拠を欠く、意図的な事実の歪曲に過ぎないことを示す必要があると考えたのだ。

リップシュタットは、著書のなかでアーヴィングを「ホロコースト否定の最も危険な代弁者」と呼んでいる。彼女によると、その危険性はまさに、アーヴィングが政治活動家などではなく、「歴史家」と称している点にあった。リップシュタットは、アーヴィングが歴史の史料に精通しているゆえに、自分の見解と矛盾する史料を無視したり、意図的に排除したりして、都合のよい部分だけ取り出して、自分のイデオロギー的信条と合致するように歴史を解釈していると指摘した。いわば、「私にとっての本当の歴史」を書くための技術を身につけているために、余計悪質であると考えたのである。

リップシュタットの『ホロコーストの真実』は発売からすぐに大きな反響を呼び、大手紙がこぞって肯定的な書評で取り上げた。この本で厳しく批判されたアーヴィングは、歴史家としての自身の名誉が毀損されたとして、ロンドンでリップシュタットとその出版社を訴えたのである。

2　歴史改竄の技術――R・エヴァンズによる検証

歴史改竄のテクニック

二〇〇〇年一月にロンドンで裁判が始まると、「ホロコーストが裁かれる」といったセンセーショナルな報道がされたこともあって、世界の関心が裁判所に注がれた。同時にホロコースト生存者のコミュニティでは、落ち着かない日々が始まった。

リップシュタットとペンギンブックス側は、錚々《そうそう》たる顔ぶれの専門家証人を用意した。ケンブリッジ大学のドイツ近現代史教授リチャード・エヴァンズ。ロンドン大学で教えるナチズムの専門家ペーター・ロンゲヒリ。名著『普通の人びと』（*Ordinary Men* 一九九二年）で普通の男たちが殺人者へと変貌する様を明らかにしたホロコースト専門家クリストファー・ブラウニング。そしてドイツの極右を専門とする政治学者ハーヨ・フンケである。こうした第一線の研究者らによる報告書が提出され、それは二〇〇〇ページ以上にもなった。

この裁判にホロコースト研究の大家ラウル・ヒルバーグは参加していない。ツンデル裁判で歴史学とは何の関係もない執拗な反対尋問に晒された経験から、専門家証人を引き受けなかったと言われている。

対して、アーヴィングは弁護士を付けず、自己弁護を申し出た。これが金銭的な理由からか、自分一人で十分に弁護できると考えていたからなのかは明らかではない。

裁判でリップシュタット側は、アーヴィングが歴史家を名乗るに値しないことを明らかにしようとした。その著作は学術的なルールに従っておらず、ユダヤ人に対する反感から歴史を否定する人種主義者に他ならない。彼がホロコースト否定論者であることは事実であり、これを指摘しても名誉毀損には当たらないと示そうとしたのである。

しかし、こうしたことを実際に証明するにはどうすればよいのか。アーヴィングが自説に都合の悪い史料を無視し、史料を読み替え、意図的に誤訳し、最初から設定した結論へ導くために操作したことを証明するのは、膨大な作業を必要とする。

そもそも一般の人は、よほど歴史に精通していないかぎり、歴史の記述のどこに史実の歪曲があるのかは指摘できない。歴史修正主義の意図が学術的体裁で覆われている場合はなおさらである。著者がどのような史料を意図的に検討対象から外しているのか、史料のどの文言を都合のよいように解釈しているのか、こうした点を指摘できるのは、同じ史料を扱う同業者の歴史家以外には存在しない。つまり、専門家以外に歪曲を指摘できる人間はほとんどいないのである。

専門家は、歪曲された箇所を指摘するためには、アーヴィングが依拠した原史料に一つひとつあたって、その解釈や翻訳が正しいかを検証する必要がある。アーヴィングが付けた注から、彼が読んだとされる元の史料を探し、再検証するのである。ただし、注に記された一点の史料を読んだだけでは、歪曲を判断できない可能性が高い。その史料は文脈のなかで初めて意味をなすため、前後の史料を読むことも当然必要となる。

こうした障壁があるため、これまでアーヴィングの仕事に疑念を抱きつつも、注にまで遡って調べる人間はいなかった。史料の扱い方に疑問があるとの歴史家からの指摘があったが、アーヴィングの歴史の書き方自体を精査する人はいなかったのだ。そのために、彼がホロコースト否定論者と「確定」ができないでいた。

歴史の歪曲や否定を「確定」することは、意外と難しい。日本でも、著名なドイツ思想の研究者が、架空の人物による著作や史料を捏造し、これらに基づくとする本や論文を書き、学術賞さえもらっていた事実が二〇一九年に明らかとなっている。この件でも、注にある史料の信憑《しんぴょう》性に対しては長年疑念が示されていたが、実際にそれらが実在するかを調べる労を厭《いと》わない人はなかなか出なかった。

R・エヴァンズによる七五〇頁の報告書——ミュンヘン一揆の場合

アーヴィングの歴史記述の性質を検証するためにリップシュタット側が検証を依頼したのが、ドイツ史家リチャード・エヴァンズである。エヴァンズはホロコースト研究の専門ではないが、一九八〇年代末の歴史家論争で議論に積極的に加わり、歴史修正主義に警鐘を鳴らしたことがあった。また、のちに『歴史学の擁護』(*In Defense of History* 一九九七年)で歴史の記述をいかようにも解釈可能な「テクスト」として扱うポストモダンの潮流に抗《あらが》う姿勢を示している。エヴァンズは、歴史は実体を持ち、それは史料などからある程度再構成できるという、実証史学の伝統に立つ。その意味で、アーヴィングがどのように史料を使って執筆しているのかを検証するには、最適な人物であった。

エヴァンズは、七五〇頁にもわたる報告書を提出した。彼は結審後に『ヒトラーについての嘘』(二〇〇一年)という本を刊行し、アーヴィングの嘘を暴くのがいかに大変な作業であったかを回顧している。たとえばアーヴィングがよく言う、ヒトラーは第三帝国でユダヤ人の最大の友人であり、ユダヤ人の迫害を止めるためにできることはすべてしたという主張である。

アーヴィングがこの結論に至るために参照した史料をたどっていくと、たとえば一九二三年にヒトラーが起こしたクーデター未遂事件「ミュンヘン一揆」に関するものがある。ヒトラーはこの事件で逮捕され、収監されて獄中で『わが闘争』を執筆する。アーヴィングは自著であるゲーリングの伝記に、次のようにミュンヘン一揆の夜の様子を書いている。

一方、ヒトラーは秩序の維持に務めた。ナチの一群がその夜にユダヤ人の食料品店を略奪したことを知ると、〔処罰するために〕襲撃を指揮した元軍人のところに人をやった。その指揮官は、「しかし、われわれはまずナチ記章を外してから行ったのであります！」と異議を唱えたが、無駄であった。「お前はどんな民族主義団体への出入も禁止だ！」と言って、ヒトラーはその場で指揮官を党員から除名した。ゲーリングはこのやり取りに目を丸くし、数週間後のヒトラーに対する裁判で証言した巡査部長も同じであった。

（『ヒトラーについての嘘』）

これだけを読むと、ユダヤ人の店を襲った男たちは略奪時にはナチの腕章を付けていなかったため、表向きにはナチ党とは無関係であり、問題はないと主張する指揮官をヒトラーが処分したように見える。こうしたヒトラーの姿勢に、側で見ていたゲーリングらは、秩序を乱す行為を許さないヒトラーの高き倫理観に感銘を受けたことになっている。だが実際はどうだったのか。

エヴァンズによれば、ミュンヘン一揆の関係者に対する裁判記録が刊行されていたため、比較的容易に調べることができたと言う。裁判記録からわかるのは、まずゲーリングはその場にはいなかったことだ。したがってゲーリングが「目を丸く」するなどありえない。さらに裁判で証言した巡査部長が「目を丸くした」という部分も、アーヴィングが推測で書き加えたものである。加えて、指揮官の処分はミュンヘン一揆より前に起こっており、当日の夜ではなかった。

エヴァンズは裁判でこの点を追求した。ゲーリングがその場にいて、目を丸くしたなど、どうしてわかるのかと問われたアーヴィングは、それは話を面白くするための「筆者の特権です」と答えた。「人に読んでもらう本を書くときは……読みやすくするために工夫するものです」と開き直った。

実はヒトラーがこの指揮官を処分したのは、ナチの腕章さえ付けていなければ問題ないとした指揮官の倫理の欠如に腹を立てたからではない。実際は、腕章を外していたために、ユダヤ人商店の襲撃が強盗や略奪と同列に置かれたことに、激怒したのである。つまり、彼らが腕章を付けていたならば、ドイツ経済に寄生するユダヤ人を懲らしめるという政治的にも正当な行為となり、ヒトラーは指揮官を処分しなかった可能性が高かった。

アーヴィングは、読み手を好ましいヒトラー像へと誘導するために、時系列を操作したり、客観的な観察に聞こえるが実はまったく主観的な描写を盛り込んだり、細かな改変を行って、事実とは異なる印象を作り出していた。「目を丸くした」など人物の心象を表すような表現を加えて印象を操作する場合は、小説家としては許されても、歴史家としては認められない。

第一次史料からアーヴィングの軌跡をたどり直すことで、エヴァンズはアーヴィングの歪曲の実態を徐々に明らかにしていく。歪曲は、明らかに意図的で簡単にわかるものから、限定的な話を拡大して一般化したり、逆に一般論で個別事例の特殊性を否定したり、簡単には判断しにくいものまでさまざまだった。

アーヴィングの操作や誘導は、一九七七年の『ヒトラーの戦争』だけではなく、実は処女作であった『ドレスデンの破壊』からすでに見られたとエヴァンズは指摘する。つまり、歴史書の執筆当初からアーヴィングは、自分の主張に合わせて史料を解釈してきたのである。エヴァンズはこうした検証の結果、アーヴィングは歴史家と呼ぶに値しないと結論した。

毒物混入の穴の問題

アーヴィングは、ロイヒター報告に依拠して、アウシュヴィッツ第二収容所ビルケナウのガス室は人を殺すためのものではないと主張してきた。ロイヒター報告は科学的根拠が薄弱なため、ツンデル裁判で証拠として採用されなかったことは第3章で述べた。それでもアーヴィングは、すでに本質的な欠陥が指摘されているロイヒター報告を、自身の根拠とすることをやめなかった。たしかにノミを殺すには、人間を殺すより高濃度の毒ガスが必要だと認めたが、ガス室として使用した場合の換気の問題、一日の死体の焼却能力、焼却燃料の供給など、さまざまな点から全体としてはロイヒターの結論は正しいと主張した。

このためにツィクロンBがどのように投入されたのか、換気設備はあったのか、地下のガス室から地上階の焼却場に死体を運ぶエレベーターには一度で何体まで乗せられたのかなど、構造上の議論に固執した。

現在、ビルケナウのガス室と死体焼却場は、一九四五年初頭に破壊された状態のままになっていることも第3章で述べたが、瓦礫であるので、どこにツィクロンBの投入孔があったかは、見ただけではわからない。また、撤収時に強制収容所の運営に関する文書は、証拠隠滅のために破棄されている。

ただし実は親衛隊が破棄し忘れた文書群があり、それが強制収容所の建築部門の史料であった。この史料があった建物は、収容所の管理局から多少離れていたため、見落としてしまったらしい。そこにはガス室の建築計画の図面が残っていた。裁判の争点が、建物の構造の問題になることを予測して、リップシュタット側はロベルト・ヤン・ファン・ペルトを専門家証人の一人に呼んでいた。彼はカナダの大学で教える建築史の専門家で、アウシュヴィッツ史研究の第一人者である。彼はこうした史料に精通していた。

アーヴィングが特にこだわったのは、毒物を投入する際の投入孔の有無であった。ツィクロンBは摂氏二五度で気化する性質がある。缶から固形のツィクロンBを取り出して地下のガス室に落とすには屋根に穴がなければならず、生存者証言によると金網でできた柱のような管がガス室につながっていたという。アーヴィングは当時の建物の写真などからも、屋根に穴はなかったとし、もし穴があったなら、裁判を取り下げると言い切った。穴がなければホロコーストもない、つまりすべては穴の問題だというのである。

多くの矛盾と悪意――親衛隊員用の防空施設

アーヴィングはガス室について、連合軍の空爆に対する親衛隊員用の防空施設であったと主張した。ドアに気密処理がされているのは、毒ガス攻撃を恐れたからだという。しかし、防空施設ならば、アウシュヴィッツの町全域に広がる親衛隊施設から、隊員は数キロも走って逃げ込む必要がある。その不自然さについての説明はなかった。

さらにアーヴィングは、部屋はノミやシラミのわいた死体を殺虫処理するための燻蒸室であるとも主張した。そもそも、焼却する予定の死体を殺虫処理する必要はあるのか。衣類に付いた虫を殺すための部屋に、なぜ内側から壊されないように強化された「のぞき穴」が設けられているのか。なぜ天井に偽のシャワーヘッドが付けられているのか。

死体を「燻蒸」するとさえ言うアーヴィングの根底には、悪意があった。彼の語彙はもはやナチのそれと違わない。

他にもアーヴィングは、戦時中の燃料不足では大量の死体を焼却できる燃料を保管する場所はアウシュヴィッツにはなく、ガス殺は行われていないと主張した。他の強制収容所のデータから、死体一体を燃やすのに三五キロのコークスが必要であり、広大なスペースが必要となるというのだ。

実はアウシュヴィッツの焼却炉は、炉を二日稼働させて一定の温度が維持できるようになると、燃料を補給せずとも、人体のみを燃料として燃え続けるよう設計されていた。焼却炉を納入していたエアフルトの会社トップフ・ウント・ゾェーネ社は、これを「継続的に稼働する大量死体焼却炉」として、一九四二年に特許を申請している。

トップフ・ウント・ゾェーネ社の技師は、もちろんこうした設備開発が意味するところをよく理解していた。なぜなら、遺体を火葬する場合、通常は個人の遺骨や遺灰は家族に戻すため、複数の遺体を同時に燃やすことはしない。社内で特許申請を提案した技師は、次のように語っていた。「こうした焼却炉は、死者への崇敬の念や遺灰を混ぜることへの禁忌、さらには死者への感情といったものをまったく度外視した、純粋なる破壊装置と見なすべきだということを私は十分に理解している」

ここにあるのは、本質的に倫理を欠いた合理性だけだ。

ちなみに、アーヴィングが執着した「穴」は、ロンドンの裁判と同じ頃に、あるプロジェクトの調査班により確認されている。調査班はアーヴィングの裁判とはまったく関係なく、ガス室の施設の考古学的検証を行っており、当時の写真と現在の航空写真、コンピューターグラフィックスなどを用い、穴の位置を複数特定した。なお、リップシュタットらは、こうした発見があったことは当時知らなかった。

生存者、加害者の証言

アーヴィングの主張の顕著な特徴は、生存者証言の有効性を最初から認めないことだった。ここに多くのホロコースト否定論者との共通点がある。

「アウシュヴィッツの生存者」と称される人の数は終戦時で五万人以上いた。それはアウシュヴィッツが収容・労働・殺害と多岐の目的を持つ町であり、一帯には絶滅収容所、強制収容所、強制労働のための施設があったからだ。これは純粋な殺人工場であるがゆえに、ほとんど生存者がいない他の絶滅収容所(トレブリンカ、ソビブル、ベウジェツなど)とは異なる。

一九四五年一月にソ連軍がアウシュヴィッツを解放したとき、収容所にはまだ八〇〇〇人ほど残され、直前にいわゆる「死の行進」に連れ出された六万六〇〇〇人のうち、五万人ほどは生きて終戦を迎えている。こうした、生存者は、解放直後から自らの体験を語ってきた。

ガス室の実態についても、詳細に証言ができる人たちがいた。清掃や死体の運搬・処理などをさせられた特別労務班《ゾンダーコマンド》の生存者たちである。彼らは犯罪の目撃者であったため、一定期間が過ぎると組織的にガス室に送られたが、なかには脱出に成功した者もいた。また一九四四年一〇月に特別労務班が蜂起した際に逃げ切った者もいた。全体で八〇人から一〇〇人ほど、特別労務班員が生き延びたとされる。しかし、アーヴィングは犠牲者側の証言が信用できないとして彼らの語りを信用しなかった。

アウシュヴィッツの実態については犠牲者の証言だけでなく、加害者側の史料や証言によってもすでに明らかになっていた。収容所長であったルドルフ・ヘス（一九〇〇－四七）は戦後イギリス軍による尋問でも、その後のニュルンベルク国際軍事裁判や継続裁判でも、収容所の運営について詳細に供述している。その後、ヘスはポーランドに引き渡され、クラクフで拘留されたが、そこで彼はガス殺について余すところなく手記に書き残している。

ヘスはそのあと犯罪の現場であったアウシュヴィッツで絞首刑に処せられたが、この手記がいかなる強制・拷問の下に記されたものではないことは、当時の関係者や歴史的な鑑定によっても明らかとなっている。

また、現場で勤務していた親衛隊員や医師などの証言も残されている。一九六三年から西ドイツで、ヘスの副官であったロベルト・ムルカを始めとするアウシュヴィッツ関係者二二名に対する「アウシュヴィッツ裁判」が行われている。ここでも実に多くの証人による証言があり、その実態について詳細が明らかとなっている。

3 「悪意」への判決――歴史学に残したもの

嘲笑、中傷、悪意

アーヴィングが証言を否定するとき、それはあくまで否定のための否定である。歴史の史料から十分に証明できない、人間の記憶は後から取り込んだ情報により上書きされるといった議論とは本質的には関係がない。彼らの体験を否定することが、生存者の尊厳を踏みにじり、その家族に苦痛を与えることを知りながら、否定する。

一九九五年にアーヴィングがアメリカのフロリダで行った講演からは、そうした悪意がうかがえる。アメリカのいくつかの州では、学校のカリキュラムにホロコースト教育が組み込まれており、ホロコースト生存者が語り部として学校を訪問する取り組みが行われてきた。これについてアーヴィングは、次のように嘲笑する。

どんな町にも一人くらいはホロコースト生存者がいるものです。フロリダではいまや小学校に生存者が来て、ドイツ人がどれだけひどいことをしたか講演して、子どもたちに恐怖を植え付けているというではないですか。オーストラリアにはプロの生存者がおりまして、アルトマンという女性はアウシュヴィッツにいたと言っては、腕をまくって入れ墨を見せるわけです。〔中略〕私は世界中に一〇〇〇人くらいは生存者がいて、それも多いと思っていましたが、どうやら間違っていたようです。何百万人とは言わないまでも、何十万人のホロコースト生存者が存在するのです。時間が経つにつれ、生存者の数が増えていっているということです。あらゆる自然の掟に反して、生存者が増加している。こんなにたくさん生存者がいるということ自体が、何かがおかしい証拠ではありませんか。ナチはユダヤ人を絶滅する目的で念には念を入れた計画を立てたというのに、どうしてこんなに生存者が多いのでしょう。ナチがだらしなかったとでも言うのでしょうか。

〔中略〕アルトマンさん、あなたはたしかに苦しんだし、あなたがいたと言うナチの強制収容所が快適な場所ではなかったというのは受け入れましょう。また信じない理由もありません。〔中略〕ところでアルトマンさん、あなたはその腕の入れ墨で戦後にどれだけ稼いだのですか。それは本物の入れ墨だとは思いますが、いったい腕に小さな入れ墨を入れるためにいくら払ったのですか。

（裁判資料より）

証言者は、体験を語ることが苦痛を伴うことを知りながらも、死者のために、そして自らのために語る。語ることが、自分の現在の生の証《あかし》であるからだ。その行為を否定することは、彼らの生を踏みにじる。加えて生存者は金目当てで詐称すると匂わせ、貶《おとし》めるのである。その意図は生存者の中傷以外にはない。単なる悪意である。

人種主義者の軌跡

裁判のもう一つの争点は、アーヴィングが反ユダヤ主義的な人種主義者であり、それゆえにホロコーストを否定するのかだった。リップシュタット側はこれについて証明する必要があった。裁判ではさまざまなアーヴィングの発言が並べられ、人種主義者としてのアーヴィングの軌跡が明らかにされていく。

たとえば、アーヴィングはあるインタヴューで、第4章で触れた『普通のドイツ人とホロコースト』の著者ゴールドハーゲンと会話したときのことについて、次のように語っていた。

> 自分がユダヤ人だったら、問題は誰が引き金を引いたかではなくて、むしろなぜ引いたのかという点だ。なぜわれわれはこんなにも嫌われているのか？　自分がしていることのせいだろうか？〔中略〕ユダヤ人は世界中で嫌われている。三〇〇〇年ものあいだ嫌われ続け、なぜ嫌われているのか問おうとしない。〔中略〕一つの民族として新しい国を作っても、五〇年もたたないうちに、また嫌悪されているではないか。
>
> （裁判資料より）

また他の場所では、次のような人種差別的なコメントをしている。

私はレイシストだ。ユダヤ人は賢い人種だ。彼らは私より金儲けがうまい。〔中略〕もっと率直に言うと、金儲けがうまいだけでなく、強欲なのだ。

ユダヤ人は反ユダヤ主義は何に由来するのかと問う。それは彼ら自身、彼らの行いが生み出しているのだ。私は反ユダヤ主義を推奨しているわけではないし、そんなことをする理由もない。私は例のホロコースト話が延々と続くので本当にうんざりしているが、彼らはホロコーストにこだわり続ける。なぜなら、ホロコーストは過去三〇〇〇年でユダヤ人に起こった唯一の面白いことだからだ（笑）。

（裁判資料より）

つまり、ホロコーストはユダヤ人自身のせいだとアーヴィングは言っている。犠牲者の側への罪の転嫁は、彼の主張のなかでも最も悪質な部分だろう。アーヴィングは、人種差別的な反ユダヤ主義者なのである。

判　決

二〇〇〇年四月一一日、約三ヵ月続いた裁判に判決が言い渡された。

裁判長は、被告人側がアーヴィングが史実を意図的に歪曲したと主張している点について、一つひとつ検証していった。ミュンヘン一揆の際にヒトラーがユダヤ人商店を襲撃した責任者を処分したという記述のみならず、一九三八年の「水晶の夜《クリスタルナハト》」でヒトラーはユダヤ人の施設やシナゴーグの大規模な破壊や放火が起こっている事実を知らなかった、またユダヤ人の東方移送に際して殺害しないように命令した、さらにはホロコースト全般についてヒトラーは一九四三年まで知らなかったなど、実に多くの点に及んだ。

グレイ裁判長はほぼすべての点で、リップシュタット側の主張、つまりアーヴィングの主張が間違いであることを認めた。

ロイヒター報告については、そもそもロイヒターが間違った前提から出発したため、ここから導き出される結論は「根拠が薄弱過ぎる」とし、「ガス室がアウシュヴィッツに存在したことを本気で疑うような人は、客観的かつ公正な歴史家のなかにはひとりもいない」と言い切った。最終的に裁判長は、「歴史家」としてのアーヴィングを次のように評価している。

歴史家も人間である。間違いもすれば、文書を読み違え、解釈を誤り、史料を見落とすこともある。しかし私は多くの点で、アーヴィングが歴史的証拠を捻じ曲げること、証拠とは相いれない解釈に立つこと、また信用できない証拠を採用すること、逆に信用できる証拠を無視し排除することを確認した。〔中略〕こうした事例でアーヴィングの記述は、ほぼ常にヒトラーを好意的に描き出し、ヒトラーに向けられた非難を他者へと向ける効果を発揮した。〔中略〕アーヴィングの歴史記述上の「間違い」は、常にヒトラーを免罪し、このナチ指導者へのアーヴィングの支持を反映する方向へ帰着する。本当にただの誤解や間違いであったなら、このような一貫性が見られることはないであろう。〔中略〕アーヴィングの歴史史料の扱いはあまりにも逸脱しており、また目に余るものであり、これを不注意だとすることは困難である。〔中略〕アーヴィングによる誤った記述や判断の性格は、彼が自身の政治的信念に合致するように証拠を意図的に捻じ曲げるという結論を指し示すと私は判断する。（判決文より）

アーヴィングは自分の政治信条に合うように史料を操作し、意図的に歴史を歪曲してきたのであり、これはホロコースト否定論者の特徴をすべて満たす。それゆえにリップシュタットによるアーヴィングが歴史家などではなく、単なるホロコースト否定論者であるという記述は正しく、アーヴィングに対する名誉毀損は成立しないと、裁判所は断定した。

アーヴィング裁判が残したもの

敗訴によりアーヴィングは二〇〇万ポンド（約三億二八〇〇万円）という巨額の訴訟費用を支払うこととなり、破産に追い込まれた。破産した人間から訴訟費用は回収できない。しかしアーヴィングはもはや大手出版社と契約を結ぶことはできなくなり、実質的にアーヴィングの文筆家としての生命は絶たれた。

この裁判の最大の意義は、ホロコースト否定論が根拠のない妄言であると裁判所が断定したことにある。もとより歴史は裁判所によって「事実である」と認定される必要はないが、司法がホロコースト否定論は「事実ではない」と宣言したことの意味は大きい。なぜなら、いくら根拠がないと言われても、同じ事を繰り返されると、どこかに一理あるかもしれないと考える人が必ずいるからだ。

アーヴィングの敗訴は各国のホロコースト否定論者の動向にも大きな打撃を与えた。なにより、裁判をめぐる一連の流れは、ホロコースト否定論は許容できないというヨーロッパ社会の合意形成を促した。次章で詳述するが、ホロコースト否定論は歴史の言説でさえないという認識が定着していき、その結果、ホロコースト否定をヘイトスピーチとして規制する方向性が強まった。

裁判後、アーヴィングは一部の人たちからユダヤ人による陰謀の犠牲者として奉られている。だが、以前のような注目が集まることはもはやない。なぜならホロコースト否定禁止法を持つ国への入国は逮捕の可能性がある。アーヴィングは講演などでイギリスから出ることが難しくなり、結果としてメディアでの露出も低下した。

アーヴィングはいまや多くの国の入国管理で「ペルソナ・ノン・グラータ（好ましからざる人物）」と位置付けられており、実質上の入国禁止対象となっている。ドイツへは、一九九三年にホロコーストを否定し死者の尊厳を傷つけたとしてミュンヘンで有罪判決を受け、国外退去処分となって以来、入国できていない。非民主主義的な活動やテロなどの監視を行うドイツ憲法擁護庁が、アーヴィングを監視対象に置いている。

ロンドンの裁判後、アーヴィングは二〇〇五年にオーストリアで逮捕され、三年の実刑判決が出てウィーンの刑務所で一年以上収監されている。それはホロコーストの否定により一七年前に出された逮捕令状を理由としたものであった。

歴史学とアーヴィング裁判

では、アーヴィングの敗訴は歴史学にとって、どのような意味を持つのだろうか。この裁判では、「歴史が被告席に立たされた」と言われてきた。法的には、リップシュタットの記述がアーヴィングへの名誉毀損となるか争われた。だが、世間はホロコーストが実際にはどういうものであったのか問う裁判と受け止めた。実際に判決も、アーヴィングは歴史家ではないというリップシュタットの主張に対して、彼の歴史記述が歴史学的な検証に耐えうるものなのかを判断している。結局は実際の歴史がどうであったのかが問題とされたのだ。

アーヴィング裁判は歴史学のうえでは明らかにした新事実はなかった。すでに知られていたこと、立証されていたことが繰り返されただけであり、研究者の側からすると、おおよそ無益な論争であったとさえ言える。しかしこの裁判は、皮肉にも歴史家が歴史として当然視していることと、一般人が歴史だと受け止めるものは必ずしも一致していないという事実を突き付けた。ホロコースト否定論者の主張は、最低限の学術レベルに満たない戯言《たわごと》だと切り捨ててきたアカデミアの怠慢が、あらためて露呈した。

幸いにも、この裁判ではリップシュタット側に有利な点がいくつかあった。

まずこうした名誉毀損裁判は、負けると巨額の訴訟費用が発生する可能性があるが、リップシュタットはこの裁判を闘うために、ユダヤ人コミュニティから大規模な寄付を集めることができた。ユダヤ人社会の金銭的な支援がなければ、五人の最高峰の専門家で構成されたリサーチチームを作ることができなかっただろう。

また、大手出版社のペンギンブックスは巨額の訴訟費用に耐えうる会社であった。こうした裁判を闘う体力がない出版社には、受けて立つことは難しかっただろう。実際にアーヴィングに裁判にすると脅されて、彼に批判的な本の発行を見合わせた出版社もあった。

さらに、この裁判ではリップシュタット側に世論の強い支持があった。ホロコースト生存者を挑発し、彼らの尊厳を傷つけるアーヴィングに対する拒否感が社会にあった。メディアの報道は、そうした雰囲気を反映していた。

しかし、こうしたリップシュタット側に有利な環境があっても、司法がアーヴィングをホロコースト否定論者と断定するまでの道のりは平坦ではなかった。裁判が図らずも明らかにしたのは、意図的に史料を読み替え、自らの政治信条に都合のよい歴史を書く人間を論破し、社会から悪しき言論を除去するには、膨大な時間、労力、資金が必要であるという事実だった。

第6章　ヨーロッパで進む法規制――何を守ろうとするのか

「言論の自由市場」（marketplace of ideas）という言葉がある。最適な資源配分は自由競争市場で行われるという経済学的考えに基づいて、言論も国などによる規制のない自由な状態が真理の追究と普及には最適であるとする考えだ。

この思想の系譜は一八世紀のイギリスの詩人、ジョン・ミルトン（一六〇八―七四）や、政治哲学者ジョン・スチュアート・ミル（一八〇六―七三）の『自由論』にまで遡る。一般には表現の自由の制限に反対する立場で使われている。

では、歴史修正主義やホロコースト否定論も言論の自由市場に任せておけば、自然に淘汰《とうた》されるのだろうか。

他方で、「悪貨は良貨を駆逐する」という言葉がある。質の異なる貨幣が市場に出回ると良貨は姿を消し、悪貨だけが流通するようになるという。

歴史修正主義は、質は悪いが、歴史に関する言説であるには違いない。これを公共空間に放置しておいたらどうなるだろうか。長年の真摯な研究の成果によって形成された歴史像は、国民感情やナショナリズムを鼓舞する偏った歴史記述に取って代わられてしまう危険はないだろうか。

現在、ヨーロッパを中心に、ホロコースト否定論などの悪質な歴史修正主義を法で規制している国は少なくない。歴史言説を法律で規制するという発想は、日本人にあまりなじみがないが、こうした規制はどのような背景から生まれてきたのだろうか。

法が否定してはならない歴史を定めることは、国家が「公的な歴史」を決めることでもある。国が「正しい歴史」を示すことは、体制にとって都合の悪い事実の隠蔽や、自国中心主義を煽るような歴史観の押し付けにつながらないだろうか。それは、国家権力による言論統制の危険を生まないだろうか。代表者を選び、これに人々の意思を委任する民主主義は、こうした制限の設定に同意すると同時に、これにより最初に傷つけられることにならないだろうか。

この章では、ヨーロッパで歴史修正主義の法規制がいかなる背景から生まれ、どのように実践されているのか、ドイツとフランスを中心に見ていく。

1　歴史否定の禁止対象とは——各国の法

まず、どのような歴史の否定が禁止されるのだろう。それは多くの場合、多数の犠牲者を出し、大規模な人権侵害が起きた事例である。そのような出来事が起こった事実を否定することが、犯罪人の処罰を阻害するだけでなく、犠牲者を傷つけ、死者を冒瀆し、それゆえに新たな憎悪と対立の種を撒くと考えられるからである。その意味では、当事者がまだ存在し、歴史の爪痕がいまだ可視的である現代史の否定が主に禁止の対象となる。古代や中世に起こった出来事の否定が禁止されることはまずない。

具体的に、否定の禁止対象とされている歴史は二つある。

一つが、ホロコーストであり、もう一つがホロコースト以外のジェノサイドである。ジェノサイドとは特定の民族や人種、宗教集団の全部または一部を破壊する行為である。ホロコーストはジェノサイドの一つと言うことができる。ただし、禁止が法制化された時期を見ると、ホロコースト否定の禁止が先であり、その後にジェノサイド否定の禁止へと対象が拡大されている。

表1からわかるように、現在、ヨーロッパの約半数の国が、ホロコーストやジェノサイドの否定を法で禁じている。ヨーロッパ外ではイスラエルのような多くの犠牲者がいる国も否定を禁じている。

ただし、具体的にどのような事例の否定が対象とされているかは、国により異なる。たとえば法で明示的に「ホロコーストの否定」を禁じる国もあれば、第二次世界大戦中に「ナチ

表1　ヨーロッパ主要各国の否定禁止法

国	制定年	法	ホロコースト	ジェノサイド	共産主義の犯罪
イタリア	2016年（1975年法律第13号の改正）	法律第16号	○	○	
オーストリア	1992年（1945/47年のナチ党禁止法の改正）	ナチ党禁止法第3条h	○		
ギリシア	2014年	法律第4285号	○	○	
スイス	1994年	刑法第261条の2	○	○	
スペイン	1995年（「否定」の禁止は2007年に違憲判決、ホロコーストの「正当化」は違法）	刑法第607条2項	△	△	
スロヴァキア	2001年（2005年改正）	法律485/2001 刑法第422d条（法律300/2005）	○		○
チェコ	2001年	刑法第405条	○	○	○
ドイツ	1994年	刑法第130条（民衆煽動罪）第3項	○		
ハンガリー	2010年	刑法	○		○
フランス	1990年（1881年出版自由法改正）	出版自由法第24条の2（ゲソ法）	○	○	
ベルギー	1995年（1999年改正）	否定論禁止法第1条	○		

ポーランド	1998年	国民記憶院・ポーランド国民に対する犯罪追及委員会に関する法律第55条	○		○
リトアニア	2010年	刑法第170（2）条	○		○
リヒテンシュタイン	1999年（1987年刑法の改正）	刑法第283条5項	○	○	
ルクセンブルク	1997年	刑法第457条3項	○	○	
ルーマニア	2002年（2006年承認）	緊急オルドナンス第31号	○		
ロシア	2014年	刑法第354の1(ナチズム復活禁止法)	○		
イスラエル	1986年	ホロコースト否定禁止法5746/1986	○		

出典：欧州委員会報告書その他資料より筆者作成

により なされた犯罪の否定」を禁止する国もある。後者の場合、ユダヤ人に対する犯罪に限定されず、占領国の住民の虐殺なども含まれる。またフランスのように、ナチ戦犯を裁くためのルールを定めたニュルンベルク憲章（一九四五年）で定義された、「人道に対する罪の否定」を禁じる国もある。次章で見るが、共産主義体制下での犯罪の否定を禁じる国も増えている。

「誰を」「何を」守ろうとするのか

では、こうした否定禁止法はいったい「誰を」、また「何を」守ろうとしているのだろうか。特定の行為を法規制することによって保護し、実現しようとしている利益のことを「保護法益」と呼ぶが、歴史の否定禁止の保護法益はどこにあるのだろう。

法規制の目的を、「歴史の真実」を守るためと言う人がいる。実際にメディアではそうした言葉が使われている。しかし序章で見たように、一般に私たちが歴史と呼んでいるものは、実際には歴史認識のことであり、「歴史の真実」ではない。ましてや「歴史の真実」は法的に定義できない。定義できないものを守るような法を整備することは、なおさらだ。さらに史実を認めない人間の偏狭さを犯罪化するなど不可能である。このため、否定禁止の真の目的は、「歴史の真実」の保護とは言えないだろう。

「真実」といった抽象的なものではなく、より具体的なレベルで考えるとどうだろうか。ホロコースト否定論や歴史修正主義は、その出来事を経験した当人を確実に傷つける。自分が味わった苦痛や絶望をでっち上げと言われ、なかったものとされて怒りを感じない人はいない。また、その人が負った苦しみを間近で見て、ともに苦しんできた家族も、否定によって同様に傷つけられる。死者は、死そのものを否定される。彼らは二度殺されるとも言える。つまり、歴史の否定はまず歴史の当事者に対する攻撃である。

加えてこうした行為は、多くの場合、特定の民族・人種・宗教集団に属すマイノリティに対して向けられる。たとえばホロコースト否定論は、ツンデルやアーヴィングの例が示したように、明らかにユダヤ人に対する反感が根本にある。表向きには歴史を問題としているようでも、実際には反ユダヤ主義の表現に過ぎない。アルメニア人虐殺の否定についても同じことが言える。また慰安婦の体験の否定も、朝鮮人に対する蔑視と女性蔑視が混在しているのは言うまでもないだろう。

つまり、歴史の否定は、人種偏見や民族差別、特定集団への敵意を煽る行為を伴う。したがってこれは、特定の集団に対するヘイトスピーチの一形態であると言える。

言うまでもなく、第二次世界大戦後の国際社会は、人種や民族に対する差別を許さない姿勢を示してきた。国連は一九六五年に「あらゆる形態の人種差別の撤廃に関する国際条約」(人種差別撤廃条約)を採択した。人種や民族、宗教集団に対するヘイトクライム(憎悪犯罪)やヘイトスピーチに対しては、現在ほとんどの欧米諸国が何かしらの形で規制を行っている。

表現の自由を重視するため、言論の規制に対して消極的なアメリカでさえ、表現に暴力を誘発する明白で差し迫った危険がある場合は、規制の対象とする。日本でも「ヘイトスピーチ解消法」が二〇一六年に施行され、自治体による独自の規制が始まっている。

つまり歴史の否定は、個人や集団の尊厳を傷つけ、公共の平穏を乱し、暴力を誘発するヘイトスピーチであるという理解から、法規制の対象とされてきたのだ。

表現の自由と歴史修正主義

しかし、歴史修正主義は本当にヘイトスピーチなのか。この点については、法学者の見解は必ずしも一致していない。歴史修正主義は、質は悪いが、歴史に関する一つの言説ではある。特定の言説を禁止するのは、表現の自由の侵害になると考える人もいる。

表現の自由は民主主義的な社会の基礎である。表現の自由を侵害する危険を冒してまで、歴史に関する言説を禁止するには値しないという主張もある。規制反対派からすれば、禁止によって得られる利益よりも、表現の自由が浸食される不利益の方が、天秤《てんびん》にかけると重い。なぜなら、歴史の否定を法で禁止することは、国が「公的な歴史」というものを設定することを意味するからだ。それは、特定の過去の解釈に国が〝お墨付き〟を与えることでもある。それによって、都合の悪い事実には言及されなかったり、法を理由に政治的な反対派が排除されるかもしれない。つまり、政治的な意図から言論統制の手段として使われる可能性がある。さらに言うと、国が自ら虚偽の歴史を「正史」と位置付ける可能性すらある。

このため特定の人種・民族集団を対象とした暴力や暴言をヘイトスピーチやヘイトクライムとして禁止しても、歴史修正主義やホロコースト否定の規制を行わない国は多い。たとえばイギリスがそうである。アメリカにも歴史修正主義に対する法規制は存在しない。一般的に、英米法の流れに属する国は、表現の自由を重視するため規制には消極的である。このため、北米やオーストラリアが歴史修正主義の温床となってきたのも事実だ。

これに対して大陸系のヨーロッパ諸国は表1にあるように、歴史修正主義を規制している国が多い。これらの規制国は、ほぼすべてがナチ犯罪の直接的・間接的な当事者であった。加害国であるドイツやオーストリアが否定を禁じるのは、自分が犯した殺人の事実をなかったと言い張るのが許されない以上、当然である。ポーランドやチェコなどのナチズムの犠牲国が否定を禁じるのも、逆の意味で当然だろう。またフランスは、ドイツの支配下に置かれたが、ヴィシーの傀儡政権の下では対独協力がなされたために、内省の意味を込めて否定を禁止しているのだろう。

社会的利益はあるのか

ここで特定の歴史の否定を禁止することによりもたらされる、社会的な利益について考えてみよう。

否定禁止法の目的が、歴史の当事者を傷つける言説を規制することで、彼らの尊厳や名誉を守ることだけであるならば、時限法（有効期間が定められた法）にすればよい。当事者は遅かれ早かれこの世を去っていく。彼らが存命する間だけ保護すればよいからだ。ところが現状では、時限法で歴史の否定禁止を行う国はない。

憲法や刑法に否定禁止を書き込むと、これは当事者がいなくなっても存続する。ドイツなど複数の国が刑法で歴史の否定の禁止を定めている。

ここからは、否定禁止法はまず歴史の当事者の保護を目的としているが、それに限定されず社会一般に対する利益も目的としていることがわかる。その利益とは、人種偏見を助長し憎悪を煽る言説を処罰することで、社会の平穏を守ることだ。平穏な社会の維持は公益である。

さらに、歴史認識に基づいた社会のアイデンティティの維持も、否定禁止法の一つの目的だろう。

国家や社会、民族集団のアイデンティティに関わる記憶を、「集合的記憶」（collective memory）と呼ぶ。それぞれの社会は、過去の出来事について特定の事例を選び出し、これらを解釈し、意味を与え、次世代へと継承すべきものとして位置付けている。たとえば、悲惨な過去を持つ社会は、歴史を「教訓」として、そのようなことが二度と起こらないように、次世代へと記憶を継承する。戦争により領土を失い、従属を強いられた国は、国家や民族に対して行われた不正を記憶し続けることで、国民のアイデンティティを強化する。

社会のさまざまな制度は、歴史解釈の上にできあがっている。特定の日を記念日として式典を催したり、メモリアルを建設したり、教科書で詳しく扱ったりして、記憶を維持・再生産する仕組みを作る。こうして国民は過去を共有していると「想像」できるようになる。国はこうした集合的記憶を基礎に政策決定を行い、外交の基本姿勢としている。

つまり、特定の歴史の否定禁止は、社会が拠って立つ価値観や、これに基づく制度を守るためでもある。歴史修正主義は、過去に関する社会の合意を切り崩すため危険なのだ。このため一部の国は、法によって集合的記憶の保護をしようとしているのである。

この実例を、歴史修正主義に対して最も厳しい姿勢で臨む国、ドイツに見てみよう。

2　ドイツの半世紀を超えた闘い――民衆煽動罪

ドイツの「民衆煽動罪」とは何か

ドイツ刑法の一三〇条は、「民衆煽動罪」の規定である。

特定の民族・宗教集団に対する憎悪を煽り、暴力を誘発するような行為を禁じるいわゆるヘイトクライム、ヘイトスピーチの規制法だ。一三〇条の第三項はのちに見るいわゆる「ホロコースト否定禁止法」にあたる。

まず、民衆煽動罪が生まれた背景について説明しよう。

民衆煽動罪が設けられたのは、一九六〇年と比較的早い。第2章で見たように、一九五〇年代のドイツでは、ナチズムの復活を目論む勢力が現実の政治的脅威となっていた。ネオナチ団体などは当局により監視されていたが、憎悪に基づく攻撃はむしろ日常レベルで起きていた。強制収容所で生き残ったユダヤ人らを「皆殺しされればよかった」などと罵倒・中傷する事件は少なくなかった。被害者側は、侮辱罪などを根拠に、自ら相手を告訴して救済を求めねばならない状況にあった。

被害者が自分で被害を届けて告訴しなければならない犯罪を「親告罪」という。たとえば誰かが「ユダヤ人に死を」と落書きした場合、落書犯を処罰するためには、この落書きにより実際に傷つけられた人による告訴が必要だ。当然、告訴するには労力も精神力もいる。また落書きの悪意が「自分に」向けられ、「自分が」傷ついたと証明するのは簡単ではない。なぜなら中傷は必ずしも特定の個人に向けられるとは限らず、多くの場合、集団全体に向けられる。こうしたことから、被害者は泣き寝入りするケースが少なくなかった。

民衆煽動罪導入の直接のきっかけは、一九五九年末から翌年にかけての反ユダヤ主義的な事件の頻発にある。クリスマスにケルンのシナゴーグ（ユダヤ教徒の礼拝所）にナチの鉤十字が落書きされると、ユダヤ人施設や墓地が荒らされる事件がドイツ全土で起こり、数ヵ月で七〇〇件近く同様の事件が報告される。これらの事件は、ドイツが過去を克服していないことを露呈させた。

ドイツは国家として、ナチズムの犠牲者に対するヘイト行為に厳しく臨む姿勢を早急に示す必要があった。そして、一九六〇年五月に民衆煽動罪が制定される。同法によって民族や宗教を理由として、暴力を誘発し、人間の尊厳を傷つけ、公共の平穏を乱すようなヘイト行為が禁止された。

一九九四年に「ホロコースト否定禁止」を追加

ただし、特定の集団に属す人々への憎悪や暴力を煽る言動をヘイトスピーチとして禁止することと、集団に関係する歴史の否定を禁止することは性格が異なる。このため「ホロコーストはなかった」「アウシュヴィッツのガス室は捏造である」といった言説を民衆煽動罪で処罰することはかなりハードルが高かった。民衆煽動罪が適用されるのは、言説が人間の尊厳を損なわせ、憎悪をかき立て、結果として社会の平穏が乱される事例に限られたからだ。ホロコーストの否定が実際にそうした結果をもたらすか判断は難しい。

さらに、歴史の否定が拡散するスピードの方が、悪意のある言説を刑事処罰で封じ込めるスピードよりも速い問題もあった。メディアを通して否定言説が社会に拡散されると、拡大を止めることは難しい。この危惧は、第3章で見たように、一九八〇年代後半よりアメリカやカナダからドイツにホロコースト否定論が「輸入」され、ネオナチが国内で否定論を拡散させ、現実のものとなっていく。

民衆煽動罪では歴史修正主義に迅速に対応できないことが明らかになっていくなか、ホロコーストの否定という行為自体を禁止、つまり歴史修正主義的な言説自体を違法化する方向に進む。そうすれば検察は社会の平穏が乱された、人間の尊厳が傷つけられたといった立証の必要がなくなり、ホロコーストが否定されたという事実だけで有罪にできる。

こうした理解に基づき、一九九四年、民衆煽動罪に以下の第三項が付け加えられた。「公共の平穏を乱すのに適した態様で、公然と又は集会で、〔中略〕ナチ支配下で行われた行為を是認し、その存在を否定し又は矮小化する者は、五年以下の自由刑〔禁固刑〕又は罰金に処される」(刑法一三〇条第三項)

つまり、公の場でホロコーストの事実を全面的もしくは部分的に否定したり、史実を意図的に矮小化したりすると犯罪が成立する。ただし、ホロコーストの歴史事実を「疑う」だけでは、十分に民衆煽動罪第三項の要件を満たさない。繰り返すが、民衆煽動罪は社会の平穏を乱すような場合にのみ適用される。したがって、家族や親しい友人のような閉じられた関係性のなかでそうした発言をしても罰されない。逆に、学校の教員が生徒に公然と「ガス室はなかった」「ホロコーストはユダヤ人がドイツから補償金を搾り取るための捏造」などと話した場合には処罰される。実際に、民衆煽動罪が適用された事例には、少なからず教員がいる。

憲法裁判所の判断

ホロコーストの否定が犯罪と規定されるのであれば、当然のことながら何が歴史的な「事実」か、明確である必要がある。しかし裁判所が、歴史的事実と認定できるものと、そうでないものとを逐一区別するとなると、裁判は遅々として進まない。たとえば、「アウシュヴ

表2　刑法第130条（民衆煽動罪）

項	導入年	禁止事項
1項	1960	公共の平穏を乱す形で、民族的・人種的・宗教的な集団を罵倒・中傷し、人間の尊厳を傷つけ、憎悪を煽り、暴力を誘発するような行為
2項	1960	第1項にあるような目的の文書などを作成・掲示・流布したり、保管・提供したり、輸出入したりする行為
3項	1994	ナチ支配下で行なわれた行為を是認し、否定し、矮小化する行為
4項	2005	集会などでナチ支配を賛美・正当化し、公共の平穏を乱す行為

出典：ドイツ連邦司法省／Juris, Gesetze im Internet

イッツで死んだユダヤ人はいない」と主張する者を処罰するために、ガス室の建設や稼働の時期、その方法まで歴史的に証明するとなると、膨大な時間を要するだろう。それはカナダのツンデル裁判や、部分的にはイギリスのアーヴィング裁判でも起こった事態だ。

このため一三〇条第三項の運用では、ホロコーストは疑う余地なき「歴史的事実」と位置付けている。いわば「公知の事実」である。そのために、実際に起こったかについては証明する必要がない。ツンデル裁判では、裁判所がホロコーストを「顕著な事実」とは認めなかったために、歴史家ヒルバーグと歴史修正主義者が同じ土俵で応酬する羽目になったことはすでに述べたが、こうした事態はドイツでは起きることはない。

では被告が、自分は歴史の一つの解釈を示しているに過ぎず、これを処罰するのは表現の自由の侵害であると主張したらどうだろうか。ドイツの憲法である基本法は、その第五条で表現の自由を謳っている。何人も、意見を自由に発表する権利を有し、学問、研究、教授は自由であるとしている。この点については、ドイツ憲法裁判所による一九九四年の判決がある。そこでは、ホロコースト否定論は「虚言」であるゆえ、表現の自由の保障は認められないと判断している。つまり、嘘はそもそも「意見」ではなく、表現の自由の保障の対象にならないというのだ。虚言が「自由な言論」などと看板を掲げることを認めないのである。

このように、ドイツは一九九四年よりすでに四半世紀、ホロコースト否定に対する法規制の実績を積み重ねてきた。一三〇条第三項に基づく有罪判決は、導入後の一〇年間で計一五八件だったが、ドイツ連邦統計局の直近のデータでは二〇一九年の有罪判決は一一四件である。ここ数年、ホロコースト否定による有罪判決数は年間一五〇件前後を推移してきた。この数は少なくないように見えるが、前頁表2にある一三〇条第一項による有罪判決数はさらに多く、五七八件にのぼる。

ネット空間の継続的監視

一三〇条第三項による処罰件数は、ホロコーストの否定に対するドイツの姿勢を表し、これは戦後ドイツの国家理念の根幹と関わる。

ドイツの憲法である基本法の第一条は、次のように記している。「人間の尊厳は不可侵である。これを尊重し、および保護することは、すべての国家権力の義務である」

戦後ドイツは「闘う民主主義」（streitbare/wehrhafte Demokratie）を標榜してきた。基本法が掲げる民主主義的な基本秩序を脅かすものに対して、積極的に闘うことを自らに課してきた。歴史修正主義やホロコースト否定論の規制は、そのような文脈で理解できる。

基本法のなかで表現の自由を定めるのは、先述したように第五条である。ドイツの憲法が人間の尊厳を表現の自由より先に置いているのは、その優先度を示していると言えるだろう。人の尊厳が守られない場合、表現の自由を制限することもやむなしと考えるとも言える。ちなみに、アメリカ合衆国憲法では表現の自由は修正第一条で定められ、これも同様に国の理念を表しているだろう。

もちろん、人間の尊厳を守るためとはいえ、むやみに表現の自由を制限するべきではない。表現の自由の制限が逆に人間の尊厳を傷つけることもある。十分に根拠のある、バランスの取れた法の運用が必要となる。戦後ドイツは、二つの間の適切なバランスを求めて試行錯誤を繰り返してきた。

実際に政府は、相当な労力を費やしてホロコースト否定論に対応してきた。そうした書物を「青少年有害図書連邦審査会」が有害図書に指定して、宣伝や販売方法などを制限する。ここでホロコースト否定論は、ポルノなどと同様に、青少年に対し明白に害がある情報と位置付けられてきた。

警察の役割も大きい。警察はヒトラーやナチズムを礼賛する行為にアンテナを張り、雑誌やパンフレット、政治集会での発言など、広範囲に目を光らせている。現在ではホロコースト否定論は印刷メディアからインターネットに場所を移しているため、ツイッターを始めSNSなどネット空間でも継続的に監視を行う必要がある。これにはかなりの人的な体制が必要だ。

ドイツでは、フェイスブックやツイッターなどのSNSに人種差別的な投稿があった場合、運営企業側に二四時間内の削除を義務付けている。これに違反すると巨額の罰金を科される。ホロコースト否定論もこの範疇に入る。

しかし、第3章や第5章で見たように、歴史修正主義者やホロコースト否定論者の多くは確信犯である。彼らの発言を防ぐことは難しい。発言があるたびに起訴するしかない。それでも起訴の繰り返しは、それなりの効果がある。最初は罰金刑であっても、繰り返せば実刑となるため、彼らの行動に制限がかかるからだ。

逃亡するホロコースト否定論者たち

収監を逃れるためにドイツから逃亡したホロコースト否定論者は少なくない。たとえば第2章で触れたネオナチの古株、オットー・エルンスト・レーマーは有罪判決を何度か受けていたが、晩年の一九九四年に当時はまだホロコースト否定論に対する規制がなかったスペインに逃れた。

第3章で触れたが、『アウシュヴィッツの嘘』という冊子で知られた元親衛隊員ティーズ・クリストファーゼンも、有罪判決を何度も受け、一九八一年に国外へ逃亡した。一九八六年にデンマークに落ち着くものの、国籍は取得できなかった。市民からの強い抗議を受け、デンマークにもいられなくなり、一九九五年に同国を去り、イギリスやベルギー、スイス、スペインなどを転々としたのち、最終的にドイツに戻って禁固刑を受けている。

アウシュヴィッツのガス室での大量殺害は物理的にも不可能であったとの「鑑定書」を作成した、元マックス・プランク研究所の科学者ゲルマー・ルードルフ（一九六四–）は、一九九四年にドイツで一四ヵ月の禁固刑の判決を受け、国外へ逃亡した。ホロコースト否定論が罪にならないアメリカで政治亡命を申請したが却下され、ドイツは彼の逮捕令状を出した。二〇〇五年、ルードルフはアメリカからドイツに強制送還され収監された。

エルンスト・ツンデルのドイツでの裁判ほど、ホロコースト否定に対するドイツの姿勢を国内外に示したものもなかっただろう。ツンデルは一九八〇年代末の裁判で世界的に知られるようになったが、カナダでもアメリカでも帰化できず、ドイツ国籍のままであった。帰化が認められなかったのは、治安上の懸念とされた。

ドイツ政府はツンデルが送り返されるのを嫌い、長らくパスポートを発行しなかった。帰国すれば、ツンデルを民衆煽動罪で裁かざるを得なくなるからである。一九六〇年代初頭のアイヒマン裁判の頃から、ドイツは海外に逃亡したナチ犯がドイツに強制送還される事態を極力避けようとしてきた。ドイツはナチの巣窟といったイメージが付くためである。

ツンデルの強制送還、ロイヒターの逮捕

しかし二〇〇三年に、ドイツはツンデルを国際指名手配し、〇五年にカナダから強制送還されてくる。こうしてツンデルは、人生の終わりに母国ドイツの法廷で、ホロコースト否定により裁かれることとなった。

メディアの高い関心を集めた裁判でツンデルを弁護したのは、シルヴィア・シュトルツ（一九六三―）だった。シュトルツは自身もホロコースト否定論者として知られる弁護士で、それまでも先述した科学者ゲルマー・ルードルフなどの裁判で法廷に立ってきた。ツンデルの裁判でも、弁護人であるシュトルツは法廷内でナチズムを礼賛し、歴史を否定する発言を繰り返す。その結果、シュトルツは法廷侮辱罪に問われ、弁護人の職を解かれる異例の展開となった。

二〇〇七年にツンデルに判決が下され、民衆煽動罪としては最長の五年の自由刑が下っている。ツンデルは結局、高齢のため二〇一〇年に釈放され、バーデン・ヴュルテンベルク州の生まれ故郷でひそかに余生を送り、一七年に現地で没した。

一方、弁護人シュトルツは解職後、ツンデル裁判での発言により民衆煽動罪で逮捕・起訴され、三年三ヵ月の禁固刑を受けている。弁護士資格も停止され、不服を申し立てて法廷闘

争を繰り返している。

悪質な歴史修正主義者やホロコースト否定論者に対するこうした裁判は、ドイツ内外に対する強いメッセージとなっていると思われる。ホロコーストの歴史事実を否定する行為は民主主義に対する攻撃であること、それを行う者はドイツには居場所はないことが示され、社会規範の強化につながっている。

歴史の否定を理由とする逮捕・起訴は、ドイツ国籍者だけでなく、外国人に対しても行われている。たとえば、ツンデル裁判で「ロイヒター報告」を提出したアメリカ人、フレッド・ロイヒターは、一九九三年にドイツ訪問中に逮捕されている。どのような経緯だったのだろうか。

報告書で一躍有名となり、ドイツで極右団体から声がかかることも多かったロイヒターは、ドイツ滞在中にケルンのテレビ局でトークショーに生出演し、アウシュヴィッツでの彼の「調査」について語ることになっていた。

だが、オンエア直前、ロイヒターはスタジオに踏み込んできた警察に逮捕される。ロイヒターが二年前の一九九一年に、ミュンヘンで極右政党のドイツ国民民主党の集会で講演したとき、ホロコーストを否定して「民衆煽動」を行ったことが理由だった。ただし、この時点ではまだ民衆煽動罪第三項のホロコースト否定の禁止は設けられていない。

ロイヒターの罪状は以前の違反とされたが、実際にはテレビで不特定多数に「見解」を広めることを阻止する意図もあったと思われる。テレビ出演後の逮捕も可能だったからだ。ロイヒターは拘留後、保釈金を支払って釈放され、ただちに出国した。この逮捕劇はホロコーストを否定する人間に対するドイツの姿勢を如実に示している。

予防措置としての機能へ

ホロコーストの否定を禁止する法の存在は、否定が行われた場合に事後的に処罰するだけでなく、犯罪に対する予防措置を取る根拠となる。たとえば、極右団体がデモ行進の許可を求めた場合、ホロコーストの否定が行われる十分に差し迫った危険があるとして、行政命令で集会を禁止することができる。実際にドイツ国民民主党は、こうした理由で頻繁に裁判所から集会の開催を禁止されてきた。

これに対して、一九九〇年代半ばにドイツ国民民主党は、集会の自由が否定されたとして欧州人権裁判所（一九五〇年の「欧州人権条約」に基づいて設立された機関。国家による人権侵害が行われた場合に申し立てることができる）に訴えようとした。だが訴え自体が受理されず門前払いになっている。公共の場でのホロコースト否定を防止することによって得られる利益は、ドイツ国民民主党が集会を開く自由に勝ると判断されたのである。

さらにホロコースト否定を「予防」する観点から、二〇〇五年に民衆煽動罪である刑法一三〇条に、新たに第四項が設けられた。これは集会のような公の場で、ナチ支配を賛美したり、正当化したりすることを禁じるものである。二〇〇五年はベルリンのホロコースト記念碑が完成した年でもあるが、条項はそれに合わせるかのように設けられた。ホロコースト記念碑の真横で極右がデモ行進を行って、ホロコーストを否定するような事態を防ぐ目的があったと言われている。

ドイツでは刑法一三〇条第三項の存在が、ホロコースト否定論者の活動の大きな制約となっていることは間違いない。ロイヒターのように、ドイツ人でなくても逮捕される可能性があるため、ホロコースト否定論者はドイツ訪問を躊躇するようになっている。結果として、ドイツは歴史修正主義やホロコースト否定論の温床であるといった印象を回避できる。

また、同様の刑事規制がヨーロッパ各国に存在するため、ホロコースト否定論者はヨーロッパ内で自由に移動することができない。前章で見たデイヴィッド・アーヴィングが二〇〇五年にオーストリアで逮捕され、一年以上収監されたことはすでに述べた。

ただし特定の歴史の否定禁止は、規制に対する社会の合意がなければ機能しない。表現の自由を一部制限しても、悪意ある歴史の歪曲を禁じるべきだと国民が考えている必要がある。規制を支えているのは、実は国民の歴史観や政治規範である。その際の前提は、国の過去について十分な議論が行われ、歴史を探求する自由が保障されていることだ。

また特定の歴史言説を禁止する権力の側も、思想統制にならないように抑制的に規制を行う必要がある。これに乗じて政治的に対立する勢力の発言を封じ込めようとしたり、国家権力の乱用につながったりすると思想犯をつくることになる。
つまり、歴史修正主義の規制の前提は、民主主義が十分に機能していることだろう。

3 表現の自由より優先すべきか――フランス・ゲソ法

フランスの場合――「記憶の法」

フランスも、ドイツ同様に歴史修正主義を法によって規制している。現在フランスには、「記憶の法」(loi mémorielle) と呼ばれる、歴史に関する法律が四つある。

最初に成立したのは一九九〇年の「ゲソ法」である。法案を提出した共産党の政治家ジャン=クロード・ゲソの名にちなむ。ゲソ法は一九四五年のニュルンベルク裁判で定義された「人道に対する罪」の否定を禁止する。

次に二〇〇一年一月、アルメニア人の虐殺の事実を公式に認める法律だ。「フランスは一九一五年のアルメニア人ジェノサイドを公式に認める」という一文だけから成る。処罰規定はなく「アルメニア人の虐殺はなかった」と発言しても罰せられるわけではない。

さらに、二〇〇一年五月、奴隷制と奴隷貿易を「人道に対する罪」と位置付けた「トビラ法」が公布される。フランス領ギアナ出身の政治家クリスティアーヌ・トビラが法の制定に中心的な役割を果たしたため、そう呼ばれている。

最後に、二〇〇五年に公布された「引揚者法」である。フランスはかつて北アフリカなどに植民地を持っていた。フランス本土に引揚げてきた人々の功績や労苦を認知する趣旨の法だが、同法第四条二項が、フランスの植民地支配の負の遺産だけでなく、肯定的な側面も学校で教えることを求めたため、「公的な歴史」の押し付けとして、歴史家や旧植民地出身者から大きな反発を受けた。結局、この部分は削除されている。

フランスは複数の「記憶の法」を持つという点で、他のヨーロッパ諸国と比べても際だっている。これはフランスという国の成立背景と、理念に関わっているからだろう。

フランス革命により共和政を打ち立てたこの国は、人種・民族・宗教などの違いを不問に付して、「フランス人」としての国民形成を図ってきた。「日々の国民投票」（エルネスト・ルナン）により国家の理念に賛同し、国民であることを肯定して、政治に積極的に参加する人を「フランス国民」と位置付けてきた歴史がある。

政治体制への国民の賛同は、国家の正統性の最大の拠り所だ。第二次世界大戦後のフランスは、戦争による難民、旧植民地からの引揚者、イスラム教徒の移民など、背景の異なる集団を取り込んできた。それゆえ、フランス人としてのアイデンティティを可能とする歴史認識の育成が重要視されてきた。歴史の解釈はどのような過去が共有されるべきかを示す場であり、「公的な過去」は国家の正統性を担保すると言える。つまり、歴史が国民統合の場と位置付けられてきたのだ。

ゲソ法とは何か

では、フランスのホロコースト否定禁止法と言われるゲソ法を見てみよう。

ドイツが民衆煽動罪に第三項を新設してホロコースト否定論を犯罪化したのは、先述したように一九九四年であり、フランスの否定禁止法の成立の方が四年早い。フランスの法規制は、ホロコースト否定論は人種主義と反ユダヤ主義の一形態であり、これらは他者への攻撃に過ぎないという理解に立つ。

ただしフランスの規制は、ニュルンベルク裁判と関連付けられている。ゲソ法は、一九四五年のニュルンベルク憲章に定義された「人道に対する罪」の存在に異議を唱える者を処罰する。これに対し、ドイツの民衆煽動罪によるホロコースト否定論の禁止は、ニュルンベルク裁判とは関連性がない。これは、戦勝国による戦争犯罪人への裁きを、敗戦国ドイツが法的に承認していないからだ。

では、具体的にゲソ法は何を定めているのか。

ゲソ法とは、「出版の自由に関する法」（一八八一年）の二四条の二のことである。具体的には、ニュルンベルク憲章の「第六条により定義され、同規定第九条により有罪とされた組織の構成員またはフランスもしくは国際的な裁判所によって有罪とされた者によって侵された人道に対する罪の存在に異議を唱えた者」に対し、五年以下の懲役刑と四万五〇〇〇ユーロの罰金刑を定めている。

ニュルンベルク憲章で定義された「人道に対する罪」とは、非戦闘員の一般市民に対して行われた虐殺や奴隷化などの非人道的行為や、政治的・人種的・宗教的な理由による迫害を指す。第九条の「有罪とされた組織」とは、親衛隊やゲシュタポ、これらを統括する国家保安本部などが該当する。ゲソ法はこれらの組織による犯罪の否定を禁止している。つまりはホロコーストである。なお、一九四四年六月に武装親衛隊がオラドゥール・シュル・グラヌ村の住民を虐殺したように、フランス国内で民間人が大量虐殺された事例はあるが、これらは人道に対する罪ではなく、戦争犯罪として扱われている。

興味深いことに、ゲソ法は「否定」(nier)という言葉を使わず、否定するより広く「異議を唱える」(contester)ことを処罰対象としている。人道に対する罪の事例を否定するまでもなく、歪曲、矮小化、部分的な否認なども処罰対象となる。

「レジスタンス神話」の崩壊

実は、ゲソ法の成立までは紆余曲折があった。法案は上院で三度否決され、四度目にようやく通過して、一九九〇年七月一三日に成立した。

反対が強かった理由は主に二つある。一つは国家にとって好ましくない意見の表明を禁じることでいわゆる「思想犯」を生むと考えられたことである。もう一つは国家が「公的な事実」を認定することになるからである。多くの歴史家が反対し、アウシュヴィッツの生還者でもある政治家シモーヌ・ヴェイユも反対していた。

各方面からの懸念の声が上がったにもかかわらず、ゲソ法が成立したのはなぜだろうか。実は、ゲソ法の導入はヴィシー政権への評価と関係している。先述したように、第二次世界大戦で一九四〇年六月にフランスはドイツに降伏し、ヴィシー政権が成立し、国家的な対独協力が行われた。しかし戦後フランスは、一部の対独協力者を除けば、国民一丸となってナチに抵抗したという国家的な物語、いわゆる「レジスタンスの神話」を掲げてきた。しかしこうした解釈は、一九八〇年代に入る頃にはもはや維持できなくなっていた。フランス人によるホロコーストへの荷担の歴史が掘り起こされつつあったからだ。

一九六四年にフランスは、ニュルンベルク裁判で確立した「人道に対する罪」を刑法に取り入れ、同罪の時効を廃止していた。

この「人道に対する罪」により国内で最初に裁かれたのが、「リヨンの虐殺者」と呼ばれたドイツ人親衛隊員クラウス・バルビー（一九一三―九一）であった。リヨンのゲシュタポのトップとして、多くのユダヤ人やレジスタンス・メンバーを死に追いやり、なかでもレジスタンスの英雄であったジャン・ムーラン（一八九九―一九四三）を逮捕した人物として知られていた。バルビーは戦後南米に逃亡していたが、ボリビアからフランスへ引き渡され、一九八七年に終身刑が下された。

一九九〇年代には同じリヨンでユダヤ人の銃殺に加わった対独協力者、ポール・トゥヴィエ（一九一五－九六）に対する裁判が行われ、フランス人としては初めて「人道に対する罪」で終身刑となった。トゥヴィエを裁く唯一の根拠が、時効のない「人道に対する罪」であった。

このようにフランスは、一九八〇年代になってようやく、ヴィシー政権による対独協力とホロコーストへの関与に真剣に向き合い始めた。これはフランスに新しい歴史認識をもたらし、最終的に大統領ジャック・シラクが、一九九五年にフランスのホロコーストへの関与を認める談話につながる。

こうした流れは、フォリソンら国内のホロコースト否定論者の活動に社会の関心を向けた。フランスがヨーロッパのホロコースト否定論の中心という、不名誉な事実と向き合う必要があった。また一九九〇年五月には、南部のカルパントラという町で、ユダヤ人墓地で埋葬された遺体が掘り起こされるという衝撃的な事件も起こっていた。

一九九〇年七月にゲソ法が成立した背景には、こうした自国史との対峙があったのである。フランスの場合、ホロコーストの矮小化やガス室の存在の否定のみならず、バルビーやトゥヴィエが犯した罪を否定することも、処罰の対象となる。

ゲソ法による有罪判決

ゲソ法で最初に有罪となったのが、フォリソンである。第3章でみたように、フォリソンは一九七〇年代よりホロコースト否定を繰り返し、訴えられることがあったが、ゲソ法施行後も同様の主張をして、一九九一年に有罪判決を受けた。フォリソンは一〇万フランの罰金を科されたのみならず、『ル・モンド』や『フィガロ』などのフランスの四大新聞に、裁判の判決文を自らの負担で掲載することが命じられた。

これに対しフォリソンは、一九九三年に自身の人権救済を求めて国連人権委員会に訴え出た。ゲソ法による有罪判決が、国際人権規約(自由権規約、一九六六年)の一九条(二)に謳われる表現の自由を侵害するとしたのだ。しかし、国連人権委員会は一九九六年、フォリソンの訴えを退けた。

その理由を簡明に言うと、国際人権規約に謳われる「表現の自由」も全能ではないということだ。どのような表現も無制限に認められるわけではない。満席の劇場で、「火事だ!」と叫ぶことを表現の自由とは認めないのと同じである。表現が他者の権利を傷つけたり、国の安全や公の秩序を破壊するような場合、一定の制限を課すことができる。国連人権委員会は、ガス室の存在の否定は一般的にいう「意見の表明」ではなく、他者の権利や評判を傷つけ、反ユダヤ主義を煽るゆえに、制限されるとしたのである。

ドイツのケースでも見てきたが、歴史修正主義者やホロコースト否定論者が表現の自由を盾に、国家による検閲の犠牲者だと主張することは少なくない。国内で主張が認められないとき、より高次の国際機関に訴えることはよくある。

フランス人哲学者、ロジェ・ガロディ（一九一三−二〇一二）のケースが、まさにこれに当たる。

ガロディは、ナチ支配下のフランスではレジスタンスに参加し、戦後はフランス共産党のイデオローグであった。しかし一九六八年のプラハの春への評価をめぐって党中央と袂《たもと》を分かち、晩年にはイスラム教に改宗し、半ば狂信的な反シオニズムとホロコースト否定論へとのめり込んでいった。

ガロディは著書『イスラエル政治の建国神話』（*Les mythes fondateurs de la politique israélienne* 一九九五年）で、ホロコーストの死者数は大幅に誇張されている、イスラエルは六〇〇万人という「神話」を政治利用しているなど、典型的な歴史修正主義を展開した。『偽イスラエル政治神話』という題で一九九八年に邦訳も出ているこの本には、自身の主張を裏付ける「証拠」はどこにもない。

ここでのガロディの論法は、「火のないところに煙は立たない」と繰り返すことに尽きる。「史実」とされるものに疑義が呈されるには、それなりの理由があるのではないかと問いかけ、婉曲《えんきょく》に否定へと導くのである。

ガロディは、ゲソ法に基づき、一九九八年に六ヵ月の懲役刑と五万フランの罰金の有罪判決を受けた。裁判所は、ガロディのように婉曲に、遠回しに人道に対する罪に異論を呈しても、犯罪が成立すると判断したのである。

この判断は踏み込んだものと言える。なぜなら、歴史修正主義やホロコースト否定論が、「実際は〜は起こらなかった」といった、史実の単純な否定で表現されるとは限らないからだ。むしろ、「〜ではないだろうか」「本当に〜と言えるのか」など、根拠を示さないまま疑念を投げかける形で表明される。人々に疑念を抱かせ、認識を揺さぶる。

ガロディに対する有罪判決は、ホロコースト否定に限らず、他の歴史修正主義の事例への対応を考える際にも指標になるだろう。

法規制の可能性と限界

このちガロディは、自身の思想・良心の自由や、表現の自由が侵害されたとして、欧州人権裁判所に申し立てた。欧州人権条約の締約国で国家による人権侵害があり、国内ですべての法的手段を尽くしている場合に、欧州人権裁判所に提訴することができる。

ガロディの訴えが欧州人権裁判所で受理されることはなかった。ガロディの本が明らかに歴史修正主義的で、その意図が欧州人権条約の基本的な理念である「正義と平和」に反すると見なしたためだ。さらに重要なことに、表現の自由を保障する欧州人権条約の一〇条は、ホロコーストのように疑いのない歴史事実を否定する場合には適用されないとした。

ホロコースト否定論が、表現の自由の保護の外にあるという点はきわめて重要だ。歴史を否定し、生存者や死者の名誉を傷つけることが欧州人権条約の精神に反するゆえ、歴史の否定の禁止に対して「自由な言論が封じられている」といった主張を行うこと自体が、すでに権利の濫用にあたると見なされる。近年の判例からは、ホロコースト否定論者が自分の主張を「表現の自由」で正当化することはもはや認められないと言ってよい。

しかし、歴史修正主義を法で規制することの限界もある。たとえば、第3章で触れた極右政党、国民戦線の党首であったジャン＝マリ・ルペンである。一九八〇年代末にホロコーストは「歴史の細部」に過ぎないと口にし、最初は象徴的にも一フランの罰金を科せられた。しかし表現の自由の侵害だとして自ら控訴して敗訴し、今度は九〇万フランという高額を罰金として支払った。

だが、その後もルペンはホロコーストを矮小化する発言を繰り返した。そのたびにゲソ法に基づき有罪判決が下っている。それでも本人は一向に意に介することはなく、近年もこうした発言で巨額の罰金を命じられている。つまり、ルペンはかつてもいまも、ホロコーストが人道に反する犯罪であったとは考えていない。

こうした人間の一種の「信念」に対して、歴史の否定禁止法はいかなる効果があるのか。法は、個人の歴史観を「矯正」することはできない。裁判所の命令で罰金が支払われることで、死者の尊厳が守られたとも言えない。規制の効果は、社会に対して規範を大きく外れる言動をすることへのメッセージの発信にとどまる。

法規制は歴史修正主義者やホロコースト否定論者を社会的に周縁化するには役立つ。だが、意図的に歴史を否定して論争を起こし、注目を浴びることを一種の戦略としている確信犯に対しては、抑止とならないのである。

第7章　国家が歴史を決めるのか——司法の判断と国民統合

前章で見たように、歴史の否定を禁止して、個人や集団の記憶や名誉を守り、対立や偏見を煽る言説を法によって処罰する動きがヨーロッパで登場したのは一九九〇年代のことである。

当初は人種主義的なヘイトスピーチを規制する文脈で、否定禁止法が制定された。つまり、史実の問題というより、個人を傷つけ、社会に害のある言説を規制する意味合いが強かった。この段階では、規制対象はホロコースト否定に限定され、それ以外の歴史言説が法によって管理される状況ではなかった。

二〇〇〇年代に入ると、歴史の否定を禁止する動きが拡大する。ホロコーストの記憶の保護がさらに重視され、その否定を禁止する国が増える。同時に、旧共産圏の東欧諸国では「自分たちの悲劇」、つまり共産主義体制による抑圧の否定も規制せよという声が強まった。国家の根幹にある歴史的記憶や社会の価値観を守るための立法が求められたのだ。こうして歴史がより政治的なものとなっていく。

現在、各国で「歴史の司法化」が問題となっている。法は悪質な歴史修正主義を公的空間から排除するのに役立つ一方で、歴史問題が裁判所に持ち込まれる事例が増えている。また国家が法を介して、歴史を国民統合の手段とし、外交上も国益の最大化のために利用する事態が起きている。

歴史の司法化は、具体的にどのような問題をもたらすのだろうか。法と歴史はどのような関係であるべきなのか。

1 全ヨーロッパ共通の記憶へ——民主主義の尺度に

「ヨーロッパ人」のアイデンティティに

二〇世紀のヨーロッパは、複雑な支配と抑圧のなかで歴史が紡《つむ》がれてきた。ナチ・ドイツの膨張と侵略、一部の国家や国民の対独協力、並行してスターリンによる抑圧があった。そこには誰が善で誰が悪か、白黒に分けることはできない民族関係が存在した。侵略者であるナチ・ドイツが、ソ連の支配を受けた民族には解放者であったこともあれば、解放者であるはずのソ連が、加害者であったこともある。このため、東西冷戦体制下では、複雑な民族関係を露呈させる歴史観は政府が押さえ込んできた。

しかし共産主義体制が崩壊し、長いイデオロギー対立の時代が終わると、さまざまな集団の記憶や古くからの対立が再燃し、不和と分断が再び可視化される。

ソ連から分離独立したバルト三国や、ポーランド、ハンガリーなどの東欧の旧衛星国は、内政でも対外的にも、歴史を使って新体制や国家の正統性を主張するようになる。ここでは共産主義体制へ抵抗した事実が、正統性の根拠とされた。同時に、東欧諸国による西側の政治経済共同体への参加願望は、主に旧ソ連との違いを強調することで表明される。西側の自由主義的な価値観を進んで受け入れる意志が示され、その歴史観に大きく接近する。

東欧諸国の歴史認識のキーワードとして新しく登場したのが、ホロコーストである。

共産主義体制下では、ナチ・ドイツの政策がユダヤ人を特別な標的とした事実は、あまり強調されてこなかった。なぜなら、ソ連を中心とした共産主義諸国のナチズム解釈では、ヒトラーは資本家の操り人形に過ぎず、経済のあり方が本質的な問題だったからだ。ナチの人種主義は過小評価されていたのである。

旧共産圏の国々は二〇〇四年以降、順次ＥＵへの加盟を果たしていくが、東欧諸国が西欧諸国とともにホロコーストの歴史を共有していることが、皮肉にも彼らがヨーロッパの一部であることの証となった。ホロコーストの犠牲者を追悼し、記憶を維持する努力は、広い意味での人権問題への姿勢であると見なされるからだ。つまり、ホロコーストへの姿勢が、排外主義への対応など現在の政治と結び付けられ、歴史認識が民主主義の尺度とされたのだ。

拡大ＥＵの参加国はこうした西欧型の歴史規範を進んで受け入れた。第二次世界大戦の加害・被害・犠牲の記憶の共有が、新たに獲得した「ヨーロッパ人」としてのアイデンティティの基礎と位置付けられたのである。こうして全ヨーロッパ的な記憶の再編成が進んだ。

ヨーロッパ人が共有すべき過去を位置付ける流れは、二〇〇〇年にホロコースト国際会議がスウェーデンで開かれた頃から明白に打ち出されていた。主要欧米諸国二三ヵ国の代表が集まり、ホロコースト教育と記憶の継承の重要性を謳った「ストックホルム宣言」が採択され、ここで歴史修正主義との闘いも宣言された。宣言には次のような一文がある。

人類はいまだにジェノサイドや民族浄化、人種主義、反ユダヤ主義、排外主義に脅かされており、国際社会はこうした悪と闘う重大な責任を共有する。われわれはホロコーストを否定する者に対して、ともにこの悲惨な真実を守らねばならない。

ストックホルム宣言を出発点として、アウシュヴィッツ解放六〇周年にあたる二〇〇五年一月二七日に、欧州議会（European Parliament）は「ホロコーストの追悼と反ユダヤ主義、人種主義に関する決議」を採択している。

この決議ではより明確に、「ヨーロッパの永続的な平和は歴史の記憶に基礎を置くと確信し、歴史修正主義的見解やホロコーストの否定を恥ずべきもの、歴史的真実（historical truth）に反するものとして拒否する」と述べられた。少し遅れて国連も同じ一月二七日を

「ホロコーストの犠牲者を想起する国際デー」に制定した。以来、この日には各国で記念式典などが開かれている。

さらに二〇〇七年の一月には、国連総会はホロコースト否定を非難する決議を、イランを除く全会一致で採択している。この決議は表現の自由を重視するアメリカが提案し主導したという意味では、大きな意義がある。

EUのなかの温度差

しかし、イデオロギーの時代の終焉と自由な社会の拡大は、逆にナショナリズムや排外主義、反ユダヤ主義も活性化させた。ヨーロッパ全体で極右勢力の躍進が見られ、非ヨーロッパ系の移民に対するヘイトスピーチが広がった。こうした一角に、ホロコースト否定論もある。このため、歴史修正主義の法規制が全ヨーロッパ的な方向性として打ち出されていく。

EUは、一九九〇年代後半より、ホロコーストの否定や矮小化をインターネット上などで拡散させる行為を処罰できるような、ヨーロッパ共通の土台を作ろうとしてきた。統一的な措置はなかなか実現しなかったが、二〇〇七年にドイツがEU議長国となると、規制の動きが進む。

前章で見たように、歴史事実の否定を刑事処罰するかは国によって異なっていたため、この状況を改善し、足並みをそろえる目的で、「人種差別および排外主義の克服に関するEU

枠組み決定」がEU理事会で二〇〇八年に採択される（以下「枠組み決定」）。

この第一条の一（c）では、ジェノサイドや人道に対する罪、戦争犯罪を公の場で容認したり、否定したり、矮小化したりすることを処罰するための法整備を加盟国に求めている。一条一（d）では、一九四五年のニュルンベルク憲章の第六条で定義された犯罪――ホロコーストに代表されるナチ犯罪――の否定や矮小化も同様に処罰することを求める。

しかし、歴史の否定をより厳しく規制したいドイツやフランスと、表現の自由の侵害を危惧するイギリスなどとの間の溝は深かった。このため、枠組み決定を受け入れていても、実際に国内法で否定を禁止するかは各国で対応が異なる。イギリスのように否定禁止を留保している国もあり、統一的な対応ではない。

ただし、ドイツとフランスがヨーロッパ統合を牽引してきたこともあり、ホロコースト否定の禁止への支持がEU内にあることは確かだ。また否定禁止への姿勢が、ヨーロッパの一つの「境界」を示すものとなっている。ヨーロッパ的価値観の広がりを、ドイツとフランスを中心とする波紋のようなものとしてイメージしてみよう。波紋は周縁に行けば行くほど弱くなる。これはおおよそホロコースト否定の禁止の境界とほぼ重なり、北欧や海を挟んだイギリスなどは、その周縁国に位置付けられる。

いずれにせよ、悪質な歴史の否定を許容しない姿勢は、現在のヨーロッパに共通している。それは、第二次世界大戦後の西欧の政治的伝統のなかにあるからだ。一九四五年のニュルンベルク国際軍事法廷による戦争犯罪人の訴追に始まり、人権宣言、ジェノサイドの禁止、人種主義の否定、反ユダヤ主義との闘い、犠牲者の記憶の保護——こうした人権保障体制を創り上げてきた一連の流れのなかに、ホロコースト否定の禁止は位置付けられる。

ホロコーストを否定することは、戦後ヨーロッパの人権保障体制とこれに基づく国際協調を傷つける、ヨーロッパの精神に反する行為と見なされるに至ったのだ。

2　アルメニア人虐殺問題——ジェノサイドか否か

アルメニア人虐殺をめぐる議論

人権侵害の歴史を否定することは許されないという規範がヨーロッパで確立するなか、どのような出来事が法的にジェノサイドや人道に対する罪に該当するのか、これを認定するのは誰なのかという問題が先鋭化する。

立法者、つまり政治が決めると、国にとって都合の悪い出来事は認定しない、もしくは特定の国や民族を攻撃する意図で、認定を行うことがあるかもしれない。これは国家や民族間の対立を激化させる可能性がある。対して裁判所が認定するとなると、実質的には司法が史実を判断することになる。出来事から時間が経過している場合、歴史の専門ではない裁判官が判断できるのか。

この問題が国際的に大きく注目されたのが、二〇世紀初頭のオスマントルコによるアルメニア人虐殺である。

第一次世界大戦下の一九一五〜一六年にかけて、当時オスマントルコ領内にいたキリスト教徒のアルメニア人が敵性分子と見なされ、国境近くの半砂漠地帯に追放されて多くが病死、衰弱死し、その過程で散発的な虐殺が行われた。犠牲者数については諸説あり、トルコ政府は三〇万人、アルメニア人は一五〇万人を超えると主張している。現在の歴史研究によれば、実際の死者数は七〇万弱から一二〇万人の間と推定されている。

これはジェノサイドだろうか。これを否定すると罪に問われるべきだろうか。一般にジェノサイドは、特定の民族・宗教・人種集団の大量殺害、強制移住、奴隷化などを指す。アルメニア人に起こったことは、実態からすればジェノサイドに違いない。

実はジェノサイドとは法的な概念でもあり、厳密には一九四八年に国連が採択したジェノサイド禁止条約に定義されたものを言う。殺害や虐待に加え、強制的に収容して過酷な環境に置くことで出産できないようにしたり、特定集団の子どもを他の集団に移したりすることも含まれる。さらにジェノサイドと認定されるためには、特定集団の一部もしくはすべてを破壊する「意図」の存在が必要とされる。

トルコ政府は、追放により一定数の死者が出たことを認めるが、ナチがユダヤ人を根絶すると宣言したような民族殲滅とは異なり、アルメニア人の大量死はジェノサイドではないと主張している。ホロコーストを究極の人権侵害の事例として位置付ける一方で、アルメニア人の死は戦争の一局面であったとして、軽く扱おうとする。またトルコは、アルメニア人虐殺が国際法上、ジェノサイドと位置付けられたことがないことも根拠とする。アルメニア人虐殺を扱う国際法廷はこれまで開かれていないからである。

では、歴史研究のレベルではどうなのか。

実はアルメニア人虐殺については、まだ研究の余地が多くある。まず、多数の死者が出た背景が複雑だ。破壊への意図の有無についても、研究者によって見解が異なる。第一次世界大戦という背景だけでなく、アルメニア人による反オスマントルコ政府の活動、ロシアの政治的影響、またクルド人も含めた民族関係が絡み合っている。過酷な強制移住が加速度的にアルメニア人の状況を悪化させ、死者が増えたという解釈もある。つまり、ホロコーストほどには詳細に研究されておらず、統一的な解釈がない。

このため、アルメニア人虐殺をめぐる議論は学術的な論争とは別の場所、つまり政治・外交問題として展開されてきた。それは国際社会を舞台としたトルコ対アルメニアの「歴史戦」とも言えるもので、互いの宣伝合戦、ロビー活動が活発に繰り広げられてきている。

まずトルコ政府はこの出来事を「いわゆるアルメニア問題」「一九一五年の出来事」などと表現し、ジェノサイドという言葉を使わない。国外でもトルコ政府への批判を封じ込めるために膨大な時間を割き、PR戦略が国家的事業となっている。たとえばトルコ政府は一九八〇年代よりアメリカ国内の有名大学に寄付講座を開設し、政府の見解に近い学者に研究資金を提供して、トルコの公式見解の浸透を図ってきた。

また、トルコはアルメニア人虐殺をジェノサイドとする言説を国内法で規制している。トルコ刑法は国家を貶める行為を違法としており、その延長で政府の公式見解に異議を唱える者を処罰してきた。二〇〇六年にトルコ初のノーベル文学賞作家となったオルハン・パムクが、アルメニア人の虐殺を否認する公的な歴史記述を批判して、国家侮辱罪に問われている。

これに対してアルメニア人は、一九一五年から一六年の虐殺は、ナチによるホロコーストに匹敵するジェノサイドであると主張し、その認知を国際社会に求めてきた。欧米社会がホロコーストの記憶を守る姿勢に範を取り、歴史の否定は「人権問題」だとしてアピールしてきた。

アルメニア人のコミュニティは欧米を中心に世界中に存在する。これらが各地で積極的な活動を展開し、各国政府に働きかけてきたことにより、北米やヨーロッパの多くの国がアルメニア人虐殺をジェノサイドと公的に認定するに至っている。

フランスとアルメニア人虐殺の否定

アルメニア人虐殺をジェノサイドとして認定し、その否定を処罰するべきか否か、実際の論争の場となってきたのは、一九九〇年よりゲソ法でホロコーストの否定を規制してきたフランスである。

前章で見たように、ゲソ法はニュルンベルク憲章で定義された人道に対する罪の否定を禁止する。このため、ニュルンベルク裁判以前の出来事については、対象とならない。しかし、フランス国内のアルメニア人団体は、二〇世紀初頭のオスマントルコによるアルメニア人虐殺はジェノサイドに他ならず、その歴史の否定も禁止されるはずだと声を上げた。

アルメニア人虐殺はジェノサイドなのか。そう見なさない人はジェノサイドの事実を否定したことになるのか。

中東研究の世界的大家であるバーナード・ルイス（一九一六―二〇一八）は、一九九三年に『ル・モンド』紙のインタビューで、トルコ側にアルメニア人を抹殺する意図があったとは考えないと発言したことがある。これに対しアルメニア人の団体は、ゲソ法などを理由にルイスを訴えた。ルイスはアルメニア人が多数死亡した事実を否定したことはない。一九四八年のジェノサイド禁止条約の定義からすると、トルコ側に抹殺への意図はなく、ジェノサイドに該当しないとの発言であった。

裁判の結果、ルイスに対する刑事処罰は却下されたが、彼は一フランの罰金を科せられた。アルメニア人虐殺は歴史問題であって、裁判所はジェノサイドであったか否かを判断する場ではないとしながらも、ルイスほどの知名度のある人間が、センシティブなテーマで不用意な発言をして、アルメニア人コミュニティを傷つけたとして損害賠償を認めたのである。

他方でこの裁判では、ゲソ法はニュルンベルク憲章に基づいた人道に対する罪について犯罪の否定を禁じているのであり、アルメニア人虐殺については適用されないことも確認されている。

つまり、ゲソ法はホロコーストの否定のみを禁止しているのである。このため、アルメニア人団体はアルメニア人虐殺についてもゲソ法のような否定禁止法の制定を求めるようになる。二〇〇一年にフランスでアルメニア人虐殺を公式に認定する法律が成立したのも、こうした背景があった。

こうした動きは他の歴史的な悲劇にも波及していく。ナチによるロマの殺害から、一八世紀末のフランス革命中に王党派が鎮圧された「ヴァンデの反乱」などもジェノサイドとして認定せよという声さえ上がり、さながら悲劇の認知競争の様相を呈し始めた。

立法化をめぐる綱引き

こうしたなか、二〇〇六年にアルメニア人虐殺の否定を禁じる法がフランス下院で可決された。しかし、トルコとの関係悪化が危惧されたため上院で審議されることもなく、いったん廃案となった。結局、二〇一二年一月に議会は「出版自由法」の二四条に三を追加する形で、アルメニア人虐殺を含むジェノサイドの否定や矮小化を禁じた。ちなみに、二四条の二は、ホロコースト否定を禁止する「ゲソ法」である。違反者は懲役刑か、四万五〇〇〇ユーロ以下の罰金を受けるとされた。

　ところがこの法に対しては、法律の違憲性を審査するフランス憲法院（conseil constitutionnel）が、表現の自由への侵害としてすぐに違憲判断を下した。

　二〇一六年、再度修正法案が出されるが、これは「三」を追加するものではなく「二」のゲソ法に新しく一文を加える形だった。出版自由法二四条の二は最終的に二〇一七年に改定された。フランスでは現在、ホロコーストの否定や矮小化を違法とするのみならず、これらに該当しないジェノサイドや戦争犯罪、前述のトビラ法が人道に対する罪と認めた奴隷貿易や奴隷制などの否定と矮小化も禁止されている。

　では、法改正によって、ホロコーストの否定とアルメニア人虐殺の否定は、同等に位置付けられたのだろうか。現在のフランスでアルメニア人虐殺が「ジェノサイドではなかった」と言うと、本当に処罰されるのだろうか。

　これは単純にそうとは言えない。まずゲソ法制定の歴史背景は、ヴィシー政権のフランスが人道に対する罪の実行者であったこと、ホロコーストの否定は反ユダヤ主義・人種主義の表現であるという理解から出発している。つまり、歴史的、社会的背景から法が生まれ、またフランス社会には実際にヘイト行為から守られるべきホロコースト生存者が存在する。

　これに対してフランスはアルメニア人虐殺に関わっていないし、時間的にも遠いため、その生存者はいない。その点、アルメニア人虐殺はジェノサイドではないと発言することが、深刻な差別や暴力を生むかは、必ずしも肯定されていない。

つまり、悲劇を社会的に、もしくは文化・歴史的に認知することと、歴史の否定という手段で個人や集団を差別・攻撃する人間を処罰することは、必ずしも同じではない。

トルコ人政治家のスイスでの起訴

アルメニア人虐殺をめぐる論争は、トルコが欧州評議会（Council of Europe）の加盟国であるため、欧州人権裁判所に持ち込まれることもある。欧州評議会は、人権や民主主義の分野で勧告や決議を採択し、条約を作る国際機関でトルコや東欧の旧共産主義国家も参加している。アルメニアも二〇〇一年に加盟した。

ここで欧州人権裁判所がアルメニア人虐殺の否定について初めて判断した、スイス発の事例を見てみよう。

EUに加盟していないが欧州評議会の一員ではあるスイスでも、ジェノサイドの否定は違法である。スイス刑法二六一条の二は、人種や民族的出自、または宗教を理由に憎悪を煽り差別することを禁止し、ジェノサイドや人道に対する罪の否定も禁じる。一八〇、一八一ページの表1にあるように、アルメニア人虐殺に限定せずに、ジェノサイドの否定全般を禁じるヨーロッパ諸国は少なくない。

そのスイスで、過激なナショナリストとして知られるトルコ人政治家、ドーウ・ペリンチェクが、二〇〇五年に講演中にアルメニア人のジェノサイドは「国際的な嘘」だと発言した。ペリンチェクがあえてスイスでこのような発言をしたのは、ジェノサイドの否定禁止法がどの程度厳格に適用されるのか試す政治的意図があったとされる。つまり、もしスイス当局から処罰されれば、アルメニア人虐殺をジェノサイドと見なすことへ疑義を呈することができる。処罰されなければ、ホロコーストにしか否定禁止が適用されないヨーロッパ社会に、「ユダヤ人だけが特別扱いされている」と批判を加えることもできる。

外国の政治家によるジェノサイドの否定は、ヨーロッパで注目を集める。その意味でも十分な宣伝効果があり、ペリンチェクにはどちらに転んでも得るものがあると思われた。

ペリンチェクはスイス刑法二六一条の二により起訴された。二〇〇五年の初審で有罪となり、控訴するも〇七年に有罪が確定する。

判決を受けたペリンチェクは欧州人権裁判所に表現の自由の侵害として訴えた。二〇一五年に裁判所大法廷は、アルメニア人虐殺がジェノサイドであるかどうかを判断する場ではないとしたうえで、アルメニア人コミュニティが傷つけられたことを認定した。しかし、ペリンチェクに対して刑事処罰を科すにはあたらないと判断した。民主主義的な社会では、こうした言説を処罰する必要はないとしたのである。

ヨーロッパ社会の温度差とは

ホロコーストとアルメニア人虐殺、この二つの悲劇の歴史に対して、ヨーロッパ社会の対応には、いくばくか温度差があるようである。それはなぜだろうか。

まず、ホロコーストは歴史的事実としての疑いの余地はなく、十分な研究実績がある。これに対し、先述したようにアルメニア人虐殺は学術的な共通理解が十分にあるとは言えず、自由な研究が推進されるべき余地がある。その場合、ジェノサイドの否定禁止法は自由な探求を萎縮させる可能性がある。

また、すでに当事者がほぼ存在しないアルメニア人のケースとは異なり、ホロコースト生存者はまだ存在する。その家族など、歴史の否定により実際に傷つけられる集団がある。ホロコーストの当事者を保護する点で意味がある。

さらに、ホロコーストはヨーロッパの中央で起こったことである。これを記憶することはヨーロッパ人としてのアイデンティティに関わる問題である。これに対し、アルメニア人虐殺はヨーロッパの外で起こったことだ。地理的にも時間的にも遠い歴史の否定を、ヨーロッパの各政府が禁止しなければならない必然性はないという意見も強い。現にドイツ議会はアルメニア人虐殺を二〇一五年にジェノサイドとして公認したものの、否定禁止の対象はナチ犯罪のみである。

ペリンチェクの裁判で欧州人権裁判所は、ホロコーストと今日のヨーロッパ諸国とのあいだにあるような関係性は、アルメニア人虐殺とスイスのあいだには存在せず、その意味でも否定を処罰する必要性はないと見なしている。つまり、アルメニア人の亡霊はトルコにとっての亡霊ではあるが、ヨーロッパ人にとっての亡霊ではないのだ。

いかなる国家も、その理念や国民のアイデンティティに関わる歴史を、国家的な「物語」のなかに組み込み、法や教育を通して語りを浸透させる。ホロコーストは、現代のヨーロッパ人が内面化すべき歴史と位置付けられている。これに対しアルメニア人虐殺は、人権の問題ではあるが、ヨーロッパ人のアイデンティティに深く関係するものではないのだ。この二つの出来事に対するヨーロッパ社会の歴史感覚は同じではない。

3　主戦場となった東欧――旧共産主義体制の評価

東欧における「歴史の司法化」

近年、裁判所が歴史に関する事柄を判断したり、法という手段で特定の歴史の記憶を保護したりする「歴史の司法化」の流れが、ヨーロッパの一部で強まっている。その主戦場は、ホロコースト否定の禁止が規範として根付いている西ヨーロッパではなく、むしろ西側の「記憶レジーム」に冷戦崩壊を経て参入した東欧諸国である。そこでは歴史が政治の道具となり、言論統制の手段とされる状況が生まれている。

ここで問題とされる歴史とは先にも少し触れたが、スターリニズムによる犯罪だ。スターリンが政敵を粛清し、さまざまな民族や集団を抑圧し、強制移住させ、ジェノサイドを行ったことは第4章で述べた通りだ。

共産主義体制下の公的な歴史像では、ソ連はナチ・ドイツを始めとするファシズムを打ち破った解放者であり、東欧の社会主義国家の建設を主導した偉大なる「兄」とされてきた。だが実際には、東欧の人々にとってスターリニズムは、ナチズムを超える悲劇であったとする意見が強い。

たとえばウクライナの場合、一九三〇年代前半に発生した「ホロドモール」と呼ばれる大飢饉により四〇〇万人ほどの死者を出したが、これはスターリンによる人災であったと考えられている。二〇〇六年にウクライナ議会はこれをジェノサイドと認定している。このため、ウクライナではホロドモールがジェノサイドでなかったと公に発言すると処罰される。

ウクライナやバルト諸国は一九四一年の独ソ戦の開始とドイツによる侵攻を、ソ連の支配からの解放として歓迎した事実があった。ソ連支配の確立過程でさまざまな政策――土地の国有化による富農の排除、インテリ層の粛清――などを通し、それまでの伝統的な社会秩序や民族関係が破壊され、モスクワから異質な押し付けがなされたという思いが人々のあいだでは強かった。このため、体制転換による混乱期が過ぎた一九九〇年代末頃から、旧共産主義諸国では「歴史の見直し」が加速する。

まず、ソ連時代にファシストの手先として否定的な評価を与えられてきた民族主義者や、対独協力者の名誉回復が試みられるようになった。同時に、一九四五年の終戦はソ連による解放などではなく、新しい抑圧の始まりであったとする歴史観が支配的となっていく。

ＥＵに新しく加盟した東欧諸国は、共産主義体制下の人権侵害を、ナチによるホロコーストと同等のものとして位置付けようとする。二〇〇八年の「枠組み決定」が各国にホロコースト否定に対する刑事処罰の導入を求めたため、共産主義体制による犯罪も否定禁止の対象に含めるべきだという東欧諸国の声はいっそう大きくなった。ＥＵが東方に拡大するに従い、西側諸国も共産主義体制による抑圧の歴史を認定する方向へ、一定の政治的な妥協をせざるを得なくなっていた。

たとえば、二〇〇八年に欧州議会は、一九三九年の独ソ不可侵条約の締結日である八月二三日を「スターリニズムとナチズムの犠牲者のヨーロッパ追悼の日」と定めている。スターリンとヒトラーが互いの勢力圏の分割を合意したことで、世界大戦の皮切りとなるポーランド侵攻が用意されたのであり、ヨーロッパの厄災はこの二人に起因するという理解の反映である。これは現在「全体主義の犠牲者のヨーロッパ追悼の日」と呼ばれている。

ポーランドの場合

現在、ポーランド、チェコ、ハンガリーなどが共産主義体制下での犯罪の否定に対し、法で規制しているが、なかでもポーランドの姿勢は突出している。第二次世界大戦時に領土の西半分をドイツに、東半分をソ連に支配されたポーランドは、ナチ犯罪の否定はもちろんのこと、スターリンによる犯罪の否定も禁じている。ポーランドが、共産主義体制による犯罪の否定を禁止するのには、十分な理由がある。

第二次世界大戦中の一九四〇年、ソ連の捕虜となったポーランド軍の将校ら二万人以上が銃殺され、埋められた。いわゆる「カティンの森事件」である。先にも触れたが、ソ連はこれをナチ・ドイツの仕業として、長く犯行を認めてこなかった。当初からドイツ犯行説は根拠薄弱とされていたが、ソ連の強い統制下にあった冷戦時代のポーランドでは、カティンの森事件の実行者がソ連であると公言することはタブーとされ、正面から扱われることはなかった。共産主義下では嘘の歴史がまかり通り、史実の否定と歪曲が公的な政策であったのだ。

しかし、ポーランドに都合の悪い歴史についても、同様に法で管理下に置こうとする姿勢も見え隠れする。二〇一五年より与党となっている右派ポピュリスト政党「法と正義」による政権は、ポーランドの名誉を傷つけるような歴史言説を禁止する姿勢が顕著である。二〇一八年にポーランド上院は、ポーランド人がホロコーストに荷担したとする表現を違法化する法案を可決し、アウシュヴィッツを「ポーランドの強制収容所」などと呼ぶことを禁止した。しかし、ホロコーストに一部のポーランド人が直接的にも間接的にも関わったのは歴史的事実である。法案は国際的な批判を受けて修正されたが、物議を醸した。

ロシアによる赤軍「評価」

こうしたかつての衛星国の動きに対してロシアは、ファシズムとスターリニズムを同じ全体主義と位置付けることに反発し、赤軍による「解放」を略奪や強姦、もう一つの全体主義による支配の始まりといった文脈で語ることを、歴史の「歪曲」であり、歴史修正主義だと批判する。

二〇〇九年にロシアは「ロシアの国益を損なう歴史の歪曲に対抗するロシア連邦大統領委員会」を大統領府に設置し、史料の公開、学術書の発行などを通して歴史の「修正」に対抗するとした（委員会は二〇一二年に廃止された）。さらに二〇一四年には、ロシア刑法でニュルンベルク裁判で確定した事項を否定したり、第二次世界大戦中のソ連の行為に関して虚偽の情報を拡散させたりする者に対して刑事処罰を科すことを盛り込んだ（三五四条の一）。「ナチズム復活禁止法」と呼ばれる、ロシア版「ホロコースト否定禁止法」である。しかしそれは、ロシアの名誉を守ることに重点が置かれている。

このように東欧やロシアでは、法による歴史の否定禁止は、国内政治における国民統合の手段だけでなく、国際政治の道具となっている。こうした流れに警戒心が向けられるのは、歴史認識によって国家間の対立を深めているからである。西ヨーロッパで歴史修正主義の規制がヘイトスピーチへの規制から登場し、冷戦終結後はヨーロッパ統合の基盤として「過去の共有」が試みられたのとは、まったく逆のベクトルとなっている。近年の東欧での展開は、まさに歴史修正主義の法規制が孕《はら》む危険性を露呈させているのだ。

歴史と法のこれから

第5章で述べたアーヴィング裁判で、リップシュタット側の専門家証人として裁判に関わった歴史家リチャード・エヴァンズは、勝訴の後、歴史の問題が司法の場で闘われることに対して警告を発した。リップシュタットは歴史修正主義の法規制に対して反対の立場を明白にしており、これは多くの歴史家の立場でもある。フランスなど、各国のさまざまな「記憶の法」に対して、反対の声を上げ続けているのは歴史家である。

アジアでも近年、歴史の問題が司法の場に持ち込まれる事例が増加している。それは表向きには名誉毀損裁判であっても、実際には歴史解釈をめぐるものであることが多い。たとえば、『帝国の慰安婦』（二〇一四年）で日本による植民地支配と、そのなかに組み込まれた家父長的ジェンダー支配など、重層的な支配と抑圧の下に置かれた慰安婦の姿を描き出した韓国の大学教授朴裕河《パクユハ》が、元慰安婦らに名誉毀損で訴えられ、罰金刑を受けた。

明示的に歴史の否定を禁止する法が存在しない国では、歴史問題は多くの場合、著者に対する、もしくは被害者に対する名誉毀損や侮辱として争われる。しかし実態としては、名誉毀損の名の下に、歴史解釈と歴史像が裁かれるという二重構造がある。

司法の場では、往々にして裁判に「勝つ」ための歴史解釈が提示される。そこでは人間の多層的なアイデンティティや関係性の複雑さは捨象され、わかりやすい言葉、明快な論理を提示できた方が勝つことになりかねない。

もちろん、司法が歴史の問題に関わることが、すべて悪いとは言えない。日本での戦後補償裁判で見られたことだが、裁判所により事実認定が行われ、史実が社会に定着していくこともある。訴え自体は棄却されていても、事実認定がなされた事実は十分に重みを持つ。

ただしその逆もあり得る。特定の事柄だけが事実認定された場合、されていないものについては事実でない、もしくは歴史的に信憑性が低いといった印象が生まれる。逆に勝訴した側が提示する歴史に「公的」な承認が与えられた印象が生まれるのは避けられない。勝訴の事実が、歴史に関する一つの語りに正当性を付与するのだ。つまり、裁判所は一見したところ政治から独立した「中立性」によって、特定の歴史像に「お墨付き」を与えてしまうのだ。

現在、歴史に関わる法、決議、宣言などは世界中で二〇〇以上あるが、その大半がヨーロッパのものである。この点からも、ヨーロッパは社会の歴史認識を法という手段も用いて「適正」に保つことに否定的ではない。「歴史の法的ガバナンス」と呼べるものが、ヨーロッパに登場している。

ただし、ここでのガバナンスは、国が法で歴史像に枠を設定し、そこに入らないものを処罰することで管理・統治することを意図してはいないはずだ。むしろ、歴史像が時代により変化し、時には政治利用されることを認めたうえで、その極端な膨張や先鋭化を防ぎ、適切な範囲内に収めるのをよしとする。

もちろんここで政治的意図が強く働くと、東欧諸国とロシアのあいだで見られるような摩擦や対立の原因ともなる。最初はホロコースト否定の禁止という文脈で登場した「歴史の司法化」が、思想統制全般の手段へと拡大してしまうことは防がなければならない。その意味で政治・司法・歴史のあいだのバランスはきわめて重要だ。

均衡を保つためにはいくつかの条件がある。まず表現の自由が保障されていること、そして民主主義が機能していることである。

おわりに

よく見られる光景だが、書店に行けば「歴史の真相」「誰も書かなかった歴史の真実」といったタイトルが躍り、「通俗歴史本」が平積みになっている。図書館でさえ、歴史学の書架で研究書の隣に歴史修正主義的な本が並んでいる。大学生のレポートを読めば、簡単に切り貼りできるネット上の歴史修正主義が、読むには時間のかかる本の情報を七対三ほどの割合で凌駕《りょうが》している。さらに悪いことに、書いた本人は自分が歴史修正主義の代弁者になっていることに気づいていない。

なぜ人は、客観性に欠けるような歴史記述を受け入れるのか。本書は、こうした風潮に対して、歴史学はいったい何ができるのかという自問から出発した。

これまで歴史の研究者は、歴史修正主義は素人の愚論であるから相手にすべきではないと言って無視するか、逆に逐一歴史の証拠を示して反証し、「論破」しようとするかしてきた。その際には「専門性」という言葉が、学術レベルに満たない言説を切り捨てる刀となってきた。彼らは歴史家ではない、史料の扱い方が間違っている、というわけだ。しかし、論破しようとすればするほど、歴史修正主義は活力と新たな支持者を獲得するようにも見え、また実際の議論は歴史から遠ざかった。

私はこうした風潮にとても落ち着かないものを感じていたのだが、そうこうするうちに二〇一六年にドナルド・トランプがアメリカの大統領になった。彼が既存のメディアのニュースは嘘ばかりだと言いだした当初、人々は苦笑してやり過ごそうとした。合理的に考えれば、気候変動など起こっていない、アメリカが闇の政府に操られている、そんなことを信じる人間はいないだろう、と。

しかし、しばらくしてこの考えは甘かったことに気づいていく。嘘や、嘘の入り交じった主張が繰り返されることで、これは徐々に「もう一つの事実《オルタナティブ・ファクト》」としての地位を獲得したからだ。

世界中で「私にとっての真実」が解禁された。それまでは、根拠のないことを主張することには躊躇があった。特に責任のある地位にある人はそうであった。ところがトランプ時代は、私にとってはこれが真実である、なぜならこれは私の信じたいことであるからだ、と臆面もなく言い切ることを政治が承認した。証明できなくてもよい、と一国の大統領が言った。こうして皆が、「私にとっての真実」を語り始めた。

二〇一〇年代後半の流れが示したのは、事実や真実はたやすくその地位を追われることである。言論の自由市場では、事実が常に嘘を駆逐するとは限らないことが明らかになったのだ。真偽の確かでないものが、社会の真ん中に堂々と鎮座し始め、それは私たちの認識を不安定にさせた。

社会が正常に機能するための前提となっているさまざまな事実に対して、正面から攻撃が加えられたとき、これに抵抗する人がもちろん大半を占めた。だが、一部は揺らいだ認識を新しい現実として受け入れていった。事実のハードルが低くなり、物事の新しい基準が顔を見せ始めた。解釈によっては、複数の事実があり得るという詭弁がまかり通り始めた。裏口から入ってきた人が、知らないうちに議論の土台をすり替えたのである。それはとても深刻なことに思えたが、意外にも人々は適応していっているようだった。

歴史修正主義は、こうした流れと水面下でつながっている。

歴史修正主義者は、これまで本当の歴史は隠されてきたと言う。では私たちは「歴史の真相」を知り得ないほど、過去の探究に怠惰であり、何が本当か嘘か判断できないほど愚かだったのだろうか。

そうではないだろう。地道な実証作業を積み上げた結果として形成された歴史の解釈は、多くの場合、批判や修正に耐えうるものだ。歴史の「定説」は、十分な理由があって受け入れられている。歴史家が歴史修正主義と直接的に対峙してこなかったことは自戒の念を込めて認めるとして、歴史修正主義を生み出す社会の側の問題についても考える必要がある。

まず、私たちの知的怠慢が批判されるべきではないか。歴史はそもそも複雑で、単一の原因に帰すことはできない。白黒のわかりやすい歴史は、それ自体ですでに怪しげなものだ。「正しい歴史」と「歪曲された歴史」の二つしかないのではなく、歴史もグラデーション状に濃淡を持っている。

また特定の歴史言説が社会の前面に押し出されるとき、背後にある政治的意図や経済的利害を読み取るメディアリテラシーが必要となる。そういったものへの嗅覚を育てることは重要だが、日本の教育ではそうした読み方は教えない。教育に政治を持ち込むなというスローガンの下、緩く政治的な方向付けがされていく。

真《ファクト》と偽《フェイク》の判断では、日本社会全体が「最終的には皆さんの良識に任せます」というスタンスなのだ。ただし、いまのところ日本人の良識は、ある程度機能している。歴史修正主義的な本が売れていても、こうした本を片手に真顔で自身の歴史観を開陳する人は、ほとんど相手にされない。

しかし、こうした言説にあまりなじみのない若い世代には、歴史修正主義をそれと名指ししないと、歴史の一つの解釈に聞こえてしまう可能性がある。本書で繰り返し述べたように、書かれた歴史に意図的な歪曲があると具体的に指摘できるのは、歴史家だけだ。問題のある言説と対峙するときは、やはりそれが批判されるべきものとして認識できる名前が必要だろう。

現在、歴史修正主義への対応の仕方は各国さまざまだ。アメリカはやはり言論の自由市場の力を信じ、懐疑的なヨーロッパは法規制を選ぶ傾向がある。しかし、歴史を法的にガバナンスするという考えには、歴史の研究者としてはやはり反対である。歴史の言説を法で管理することは、両刃の剣だ。

歴史の否定禁止法を持つヨーロッパのどの国も、ホロコースト否定の禁止を最初に導入したフランスも含め、その運用には苦心している。最近のポーランドに見るように、都合の悪い事実を覆い隠すことに法の運用の力点が移ると、言論統制の手段とされる危険の方が大きい。

では、私たちはどの方向に向かえばよいのか。最後に、アウシュヴィッツの生存者プリーモ・レーヴィ（一九一九－八七）を引いて、本書を閉じたい。

レーヴィは、死の収容所での人間の有様は単純な犠牲者と加害者という構図で語ることはできず、誰のなかにもその両面が存在する「灰色の領域」があったと語った。善のなかに悪魔的なものが潜み、またその逆も事実であった。

こうした人間の持つ多面性の反映が、歴史である。その複雑性を受け入れ、善も悪も、美も醜も、自分たちの歴史として受け止めることが求められている。粉飾された歴史の上に創り出されたアイデンティティは、結局利益をもたらさない。なぜならそれもまた、確実に、書き直されていくからである。

あとがき

大学の教室では、アウシュヴィッツに行ったことがあるか聞くようにしている。そうすると、たいていクラスで数人は手を挙げる。感想を聞くと、多くが「衝撃を受けた」と答える。私も三〇年ほど前、初めてアウシュヴィッツを訪れたとき、衝撃を受けた。しかしそれは多くの人とはおおよそ逆の理由だった。

冷戦が終わってまだ間もない頃だ。いまでこそアウシュヴィッツは「負の世界遺産」として一大観光地になっているが、その頃は草が伸び放題で、野原に有刺鉄線が立っているような体だった。私はここに日本からはるばるやって来た歴史学専攻の大学生であった。

死の現場に立って、全力で当時の恐怖を想像しようと試みた。例の、犠牲者の靴や鞄、髪の毛の山も見た。敷地内に引き込まれた貨物線路の上に立ってみた。爆破されたガス室の跡の近くまで寄って、なかはどうなっていたのだろうと目を凝らした。

しかし恐怖はわいてこなかった。

この場所を訪れる人に期待されるような感情がわかない自分に困惑した。アウシュヴィッッに心を動かされない自分の方が、空恐ろしく感じた。ホロコーストのフィクション映画の方が感動するし、涙も出る。では自分は感動するためにここに来たのか。何に対して感動するのか。絶望のなかでも生を謳い上げる人間の底力にか。

どれもよくわからなかった。眉間に皺《しわ》を寄せてガイドの話を聞いている他の訪問客の顔を盗み見しては、この人はいま、ショックを受けているのだろうかと勘ぐったりした。この感想は軽々しく口にできないと思い、神妙な顔をしてアウシュヴィッツを後にしたが、頭のなかではすでに今日の夜は何を食べようかと考えていた。

この経験は、逆説的にも自分の研究の原点として刻まれた。

人は、自分が体験していない苦痛は知りえない。経験していない過去は、学習せずして記憶されない。学習された過去は、起こったことと同じではない。他人の経験に感情移入できるかどうかは想像力の問題だ。

こう考えると、歴史が目に見える形で息づく社会には、これを埋没させないための制度や仕組みがあることに気が付いた。国家的記念日などの政治的儀式、歴史教育、メディアの報道。観光産業など経済的な利害も、歴史を埋没させない努力の背景にある。つまり、歴史的な出来事の結果生じた問題がどのように扱われてきたかを見る方が、出来事そのものを分析するより、社会の性格がよくわかる。こう考えた私は「ホロコーストの歴史」ではなく、「ホロコースト後の歴史」を自身の研究テーマとした。

こうして歴史の研究者としての道を進んだ私を、少し遅れて後ろからいつも追ってきたのが、歴史修正主義だった。

一九九〇年代初頭、ホロコースト否定論が欧米では話題になっていた。ツンデルやアーヴィングの活動が報じられ、ネオナチによるホロコースト否定が問題視されていた。

日本国内でも同じような主張をする人が出始めていた。一九九五年に『マルコポーロ』という当時はそれなりの読者数を誇った雑誌が、「戦後史最大のタブー、ナチ『ガス室』はなかった」という見出しでホロコースト否定論を掲載し、国際的な抗議を受けて廃刊になった。なぜ歴史を否定するのだろう、否定することに何か利益があるのかという素朴な疑問とともに、これを生み出す社会の構造が気になった。それは歴史に向き合う社会と、コインの表と裏のような関係である気がした。

このため歴史修正主義は、いつか取り組みたいと思っていたテーマではあったが、これを正面から扱うことに果たして意味があるのだろうかという疑念もあった。真面目に扱うに値しないようにも思えたが、これを極端な人の極端な主張と片付けてしまうと、この問題が本当は示している問題が見えなくなるのではないかと思った。こう考えているとき、ちょうど本書の企画をいただいた。

この本が意図し、問いかけた点は三つある。

第一に、書かれた歴史とは何か、これに対して歴史修正主義とは何かを明らかにすることで、その二つを混同しない議論の基盤を作ることである。実証可能な歴史の記述と、歴史について書かれた「物語」とを、私たちは区別しなければならない。人文学的な知の衰退が語られて久しいが、専門的な学問としての歴史学の復権が必要だ。

第二に、欧米で歴史修正主義が登場してから、その勃興と衰退の一〇〇年を振り返ることだ。歴史の書き替えはそれ以前にもあったが、近代以降の国民国家が自分たちについての物語（ナショナルヒストリー）を持ったことが、歴史修正主義を生んできたと理解されたと思う。歴史が書かれるところに、歴史修正主義がある。その意味で歴史修正主義の歴史は終焉していないし、社会は常に新たな歴史修正主義を生み出していく。

第三に、歴史に関する言説を法で規制することで、社会の歴史認識を「適正」な範囲に保つことは可能なのか、またそうすべきなのかを考えた。歴史修正主義は、歴史的な事実に対する攻撃より、この事実の上に構築された社会規範や制度に対する攻撃である。その意味で、本書が社会と民主主義の関係を問い直す機会となればよいと思う。

＊

本書の企画をいただいてから実際に本になるまで、とても時間がかかった。コロナ禍で大学が大混乱し、不運にもそんなときに大学の教務担当であったため、まさに殺人的な業務に投げ込まれた。同時に、これまでしまい込まれていた「悪」が突然放出されたかのように、身の回りに不幸と不運が次々降ってきた。分刻みで大学の対応をしながら、何度かもうこの本は終わらないだろうと思った。そんなとき編集者の白戸直人氏の叱咤激励があったことは言うまでもないが、時間も、体力も、精神力も限界だと思う自分のなかに、一つだけ残っていたものがあった。それは、研究者としての「執念」だった。

この本を読んだ大学生の皆さん、学ぶことに執念を持ってほしい。それは必ず三〇年後、あなたの骨となって、あなたが倒れないように支えています。

二〇二一年八月

武井彩佳

主要参考文献

櫻庭総『ドイツにおける民衆扇動罪と過去の克服——人種差別表現及び「アウシュヴィッツの嘘」の刑事規制』福村出版、2012年
曽我部真裕「フランスにおける表現の自由の現在——「記憶の法律」をめぐる最近の状況を題材に」『憲法問題』25, 2014年
武井彩佳『〈和解〉のリアルポリティクス——ドイツ人とユダヤ人』みすず書房、2017年
平野千果子『フランス植民地主義と歴史認識』岩波書店、2014年
師岡康子『ヘイト・スピーチとは何か』岩波書店、2013年
Behrens, Paul/Terry, Nicholas/Jensen, Olaf, ed., *Holocaust and Genocide Denial: A Contextual Perspective*, New York: Routledge, 2017.
Bazyler, Michael, *Holocaust, Genocide, and the Law: A Quest for Justice in a Post-Holocaust World*, New York: Oxford UP, 2016.
Gordon, Gregory S., *Atrocity Speech Law: Foundation, Fragmentation, Fruition*, Oxford: Oxford UP, 2017.
Hare, Ivan/Weistein, James ed., *Extreme Speech and Democracy*, Oxford: Oxford UP, 2009.
Hennebel, Ludovic/Hochmann, Thomas eds., *Genocide Denials and the Law*, New York: Oxford UP, 2011.
Koposov, Nikolay, *Memory Laws, Memory Wars: The Politics of the Past in Europe and Russia*, Cambridge: Cambrige UP, 2018.
Levwy, Guenter, *Outlawing Genocide Denial: The Dilemmas of Official Historical Truth*, Salt Lake City: The University of Utah Press, 2014.
＊ドイツの法令は Gesetze im Internet（https://www.gesetze-im-internet.de）で、フランスの法令は Légifrance（https://www.legifrance.gouv.fr）を参照

†第7章　国家が歴史を決めるのか

橋本伸也『記憶の政治——ヨーロッパの歴史認識紛争』岩波書店、2016年
橋本伸也編著『せめぎあう中東欧・ロシアの歴史認識問題－ナチズムと社会主義の過去をめぐる葛藤』ミネルヴァ書房、2017年
ルソー、アンリ『過去と向き合う－現代の記憶についての試論』剣持久木／末次圭介／南祐三訳、吉田書店、2020年
Belavusau, Uladzislau, *Freedom of Speech: Importing European and US Constitutional Models in Transitional Democracies*, New York: Routledge, 2013.
Belavusau, Uladzislau/Gliszcynska-Grabias, Aleksandra, ed., *Law and Memory: Toward Legal Governance of History*, Cambridge: Cambridge UP, 2017.
Kopecek, Michal, ed., *Past in the Making: Historical Revisionism in Central Europe after 1989*, Budapest: Central European UP, 2008.
＊欧州人権裁判所の判決は、その HP 上で見ることができる

2012.

†第４章　ドイツ「歴史家論争」

クルトワ、ステファヌ/ヴェルト、ニコラ『共産主義黒書 ソ連編』外川継男訳、筑摩書房、2016年
ゴールドハーゲン、ダニエル・J『普通のドイツ人とホロコースト――ヒトラーの自発的死刑執行人たち』望田幸男監訳、ミネルヴァ書房、2007年
ノルテ、エルンスト『ファシズムの時代――ヨーロッパ諸国のファシズム運動1919－1945』上下、ドイツ現代史研究会訳、福村出版、1972年
ハーバーマス、J/ノルテ、E他著『過ぎ去ろうとしない過去――ナチズムとドイツ歴史家論争』徳永恂/三島憲一他訳、人文書院、1995年
Evans, Richard, *In Hitler's Shadow: West German historians and the attempt to escape from the Nazi past*, New York: Pantheon Books, 1989.
Nolte, Ernst, *Das Vergehen der Vergangenheit: Antwort an meine Kritiker im sogenannten Historikerstreit*, Berlin: Ulstein, 1987.
Wehler, Hans-Ulrich, *Entsorgung der deutschen Vergangenheit?: Ein polemischer Essay zum Historikerstreit*, München: C.H.Beck, 1988.

†第５章　アーヴィング裁判

アーヴィング、デイヴィッド『ヒトラーの戦争　上下』赤羽龍夫、早川書房、1983年（※）
ガロディ、ロジェ『偽イスラエル政治神話』木村愛二訳、れんが書房新社、1998年（※）
木村愛二『アウシュヴィッツの争点』リベルタ出版、1995年（※）
ヘス、ルドルフ『アウシュヴィッツ収容所』片岡啓治訳、講談社、1999年
リップシュタット、デボラ・E『否定と肯定――ホロコーストの真実をめぐる闘い』山本やよい訳、ハーパーコリンズ・ジャパン、2017年
西岡昌紀『アウシュヴィッツ「ガス室」の真実――本当の悲劇は何だったのか？』日進報道、1997年（※）
Evans, Richard, *Lying About Hitler: History, Holocaust, and the David Irving Trial*, New York: Basic Books, 2001.
Pelt, Robert Jan van *The Case for Auschwitz: Evidence from the Irving Trial*, Bloomington: Indiana UP, 2016.
＊アーヴィング裁判の専門家証人による報告書、判決文などの裁判資料はHolocaust Denial on Trial（https:// www.hdot.org）で見ることができる。

†第６章　ヨーロッパで進む法規制

金尚均編『ヘイト・スピーチの法的研究』法律文化社、2014年

Paris: Fayard, 1996.
Bundesamt für Verfassungsschutz, *Rechtsextremistischer Revisionismus: Ein Thema von heute*, Köln, 2001.
Igounet, Valérie, *Le Négationnisme en France*, Paris: Humensis, 2020.
Kleist, Peter, *Auch Du warst dabei*, Vowinckel: Heidelberg, 1952.（※）
Rassinier, Paul, *Le Mensonge d'Ulysse*, Paris, 1950.（※）
Walendy, Udo, *Wahrheit für Deutschland: Die Schuldfrage des zweiten Weltkrieges*, Weser: Verlag für Volkstum und Zeitgeschichtsforschung, 1964.（※）

†第３章　ホロコースト否定論の勃興

アガンベン、ジョルジョ『アウシュヴィッツの残りもの――アルシーヴと証人』上村忠男／廣石正和訳、月曜社、2001年
ヴィダル＝ナケ、ピエール『記憶の暗殺者たち』石田靖夫訳、人文書院、1995年
バスティアン、ティル『アウシュヴィッツと〈アウシュヴィッツの嘘〉』石田勇治／星乃治彦／柴野由和編訳、白水社、1995年
リップシュタット、デボラ・E『ホロコーストの真実』上下、滝川義人訳、恒友出版、1995年
Benz, Wolfgang (Hg.), *Legenden, Lügen, Vorurteile: Ein Wörterbuch zur Zeitgeschichte*, München: Deutscher Taschenbuchverlag, 1992.
Benz, Wolfgang (Hg.), *Handbuch des Antisemitismus: Judenfeindschaft in Geschichte und Gegenwart, Band 2/1-2, Personen*, Berlin: De Gruyter, 2009.
Christophersen, Thies, *Die Auschwitz-Lüge*, Mohrkirch: Kritik-Verlag, 1973.（※）
District Court of Ontario, "1985 Zündel Trial Transcript."（Internet Archive (https://archive.org) で全文を見ることができる）
Dokumentationsarchiv des Österreichischen Widerstandes, *Amoklauf gegen die Wirklichkeit : NS-Verbrechen und revisionistische Geschichtsschreibung*, Wien: Dokumentationsarchiv des Österreichischen Widerstandes, 1991.
Douglas, Lawrence, *The Memory of Judgements: Making Law and History in the Trials of the Holocaust*, New Haven: Yale UP, 2001.
Kahn, Robert A, *Holocaust Denial and the Law: A Comparative Study*, New York: Palgrave Macmillan, 2004.
Leuchter, Fred, *The Leuchter Report: The End of a Myth : A Report on the Alleged Execution Gas Chambers at Auschwitz, Birkenau and Majdanek, Poland by an Execution Equipment Expert*, Samisdat Publishers, 1988.（※）
Stäglich, Wilhelm, *Der Auschwitz-Mythos: Legende oder Wirklichkeit?*, Tübingen: Grabert-Verlag, 1979.（※）
Stern, Kenneth S, *Holocaust Denial*, New York: American Jewish Committee, 1993.
Wistrich, Robert S. ed., *Holocaust Denial: Politics of the Perfidy*, Berlin: De Gruyter,

主要参考文献

（※）は歴史修正主義文献。虚偽の情報が含まれることもあるので参照には注意

†序　章　歴史学と歴史修正主義

イーグルストン、ロバート『ホロコーストとポストモダン――歴史・文学・哲学はどう応答したか』田尻芳樹/太田晋訳、みすず書房、2013年

上村忠男/大貫隆/月本昭男/二宮宏之/山本ひろ子『歴史を問う4　歴史はいかに書かれるか』岩波書店、2004年

エヴァンズ、リチャード・J『歴史学の擁護――ポストモダニズムとの対話』今関恒夫/林以知郎監訳、佐々木龍馬/與田純訳、晃洋書房、1999年

オーウェル、ジョージ『1984年』高橋和久訳、早川書房、2009年

カー、E．H．『歴史とは何か』清水幾太郎訳、岩波書店、1962年

喜安朗/成田龍一/岩崎稔『立ちすくむ歴史――E・H・カー『歴史とは何か』から50年』せりか書房、2012年

高橋哲哉『歴史／修正主義』岩波書店、2001年

長谷川貴彦『現代歴史学への展望――言語論的転回を超えて』岩波書店、2016年

歴史学研究会編『現代歴史学の成果と課題――歴史実践の現在』績文堂、2017年

歴史学研究会編『歴史における「修正主義」』青木書店、2000年

†第１章　近代以降の系譜

荒井信一『戦争責任論――現代史からの問い』1995年、岩波書店

関嘉彦『ベルンシュタインと修正主義』早稲田大学出版部、1980年

Barnes, Harry Elmer, *The Genesis of the World War : An Introduction to the Problem of War Guilt*, New York: A.A Knopf, 1927.（※）

Barnes, Harry Elmer, ed., *Perpetual War for Perpetual Peace : A Critical Examination of the Foreign Policy of Franklin Delano Roosevelt and its Aftermath*, Caldwell: Caxton Printers, 1953.（※）

Hoggan, David, *Der erzwungene Krieg: Die Ursache und Urheber des Zeiten Weltkrieges*, Tübingen: Grabert-Verlag 1961.（※）

†第２章　第二次世界大戦への評価

ヴァインケ、アンネッテ『ニュルンベルク裁判』板橋拓己訳、中央公論新社、2015年

芝健介『ニュルンベルク裁判』岩波書店、2015年

テイラー、A・J・P『第二次世界大戦の起源』中央公論社、1977年

Brayard, Florent, *Comment l'idée vint à M. Rassinier: Naissance du révisionnisme,*

歴史修正主義 関連年表

1979. 8	歴史修正研究所、第1回「国際歴史修正主義者会議」開催
1980	M・マーメルスタインが歴史修正研究所を提訴
1985. 1	第1ツンデル裁判開廷
1986. 6～	ドイツ歴史家論争
1986. 7	イスラエル、「ホロコースト否定禁止法」施行
1988. 1	第2ツンデル裁判開廷
1989. 11	ベルリンの壁崩壊
1990. 7	フランス「ゲソ法」成立
1990. 10	ドイツ再統一
1994. 12	ドイツ刑法第130条第3項新設（ホロコースト否定の禁止）
1995. 2	日本で雑誌『マルコポーロ』廃刊
1995. 3～	「国防軍の犯罪展」開始
1996～	ゴールドハーゲン論争
1998. 11	ヴァルザー＝ブービス論争（～99年）
2000. 1	ホロコースト国際会議で「ストックホルム宣言」採択
2000. 4	アーヴィング裁判判決
2003. 6	欧州人権裁判所、R・ガロディの申し立てを不受理
2005. 1	欧州議会、「ホロコーストの追悼、反ユダヤ主義、人種主義に関する決議」採択
2005. 3	ツンデル、ドイツへ強制送還
2005. 11	国連、1月27日を「ホロコーストの犠牲者を想起する国際デー」に制定
2005. 11	アーヴィング、オーストリアで逮捕
2007. 1	国連総会、ホロコースト否定を非難する決議
2007. 2	ツンデル、ドイツで有罪判決
2008. 9	欧州議会、「スターリニズムとナチズムの犠牲者のヨーロッパ追悼の日」を制定
2008. 11	ＥＵ理事会、「人種差別および排外主義の克服に関するEU枠組み決定」採択
2014. 5	ロシア、「ナチズム復活禁止法」制定
2018	ポーランドでホロコースト関連法に関する議論

歴史修正主義 関連年表

年	項　目
1894	ドレフュス事件
1905	偽書『ドレフュス事件史　修正版』出版
1914	第1次世界大戦開戦（〜18年）
1915〜	アルメニア人の虐殺（〜16年）
1921	ドイツで「戦争原因研究本部」設立
1933. 1	ヒトラー政権誕生
1939. 8	独ソ不可侵条約締結
1939. 9	第2次世界大戦開戦
1941. 6	独ソ戦開戦、ユダヤ人らの大量銃殺開始
1941秋〜	アウシュヴィッツでガス殺開始
1945. 1	ソ連軍アウシュヴィッツ解放
1945. 5	ドイツ無条件降伏
1945. 11	ニュルンベルク国際軍事裁判開廷
1948	M・バルデシュ『ニュルンベルクあるいは約束の土地』出版
1950	P・ラスィニエ『オデュッセウスの嘘』出版
1952	P・クライスト『君もまた関わった』出版
1959	ドイツでユダヤ人墓地冒瀆事件が頻発（〜60年）
1964	W・ヴァレンディ『ドイツのための真実』出版
1965. 12	国連、「人種差別撤廃条約」を採択
1967. 6	6日間戦争（第3次中東戦争）
1968〜	世界的な学生運動の波
1973	A・アップ『600万人の詐欺』出版 T・クリストファーゼン『アウシュヴィッツの嘘』出版
1974	R・ヴェラル『本当に600万人が死んだのか』出版
1975	A・バッツ『20世紀の大ペテン』出版
1977	D・アーヴィング『ヒトラーの戦争』出版
1978	カリフォルニアで「歴史修正研究所」設立
1978. 12	『ル・モンド』紙、フォリソンの文章を掲載
1979	W・シュテークリヒ『アウシュヴィッツの神話』出版

武井彩佳（たけい・あやか）

1971（昭和46）年愛知県生まれ．94年早稲田大学第一文学部史学科卒業．2001年早稲田大学文学研究科史学専攻博士課程修了．01〜04年日本学術振興会特別研究員．04年博士（文学・早稲田大学）．早稲田大学比較法研究所助手などを経て，学習院女子大学国際文化交流学部教授．専攻・ドイツ現代史，ホロコースト研究．

著書『戦後ドイツのユダヤ人』（白水社，2005年）
『ユダヤ人財産は誰のものか――ホロコーストからパレスチナ問題へ』（白水社，2008年）
『〈和解〉のリアルポリティクス――ドイツ人とユダヤ人』（みすず書房，2017年）

訳書 D・ストーン著『ホロコースト・スタディーズ――最新研究への手引き』（白水社，2012年）

監訳 W・ロワー著『ヒトラーの娘たち――ホロコーストに加担したドイツ女性』（明石書店，2016年）

歴史修正主義《れきししゅうせいしゅぎ》
中公新書 *2664*

2021年10月25日初版
2022年3月10日5版

著　者　武井彩佳
発行者　松田陽三

本文印刷　三晃印刷
カバー印刷　大熊整美堂
製　　本　小泉製本

発行所 中央公論新社
〒100-8152
東京都千代田区大手町 1-7-1
電話　販売 03-5299-1730
　　　編集 03-5299-1830
URL https://www.chuko.co.jp/

Published by CHUOKORON-SHINSHA, INC.
Printed in Japan　ISBN978-4-12-102664-4 C1222

中公新書

現代史

f3

2590 人類と病　詫摩佳代
2664 歴史修正主義　武井彩佳
2451 トラクターの世界史　藤原辰史
2666 ドイツ・ナショナリズム　今野　元
2368 第一次世界大戦史　飯倉　章
2681 リヒトホーフェン―撃墜王とその一族　森　貴史
27 ワイマル共和国　林　健太郎
478 アドルフ・ヒトラー　村瀬興雄
2553 ヒトラーの時代　池内　紀
2272 ヒトラー演説　高田博行
1943 ホロコースト　芝　健介
2349 ヒトラーに抵抗した人々　對馬達雄
2610 ヒトラーの脱走兵　對馬達雄
2448 闘う文豪とナチス・ドイツ　池内　紀
2329 ナチスの戦争 1918-1949　R・ベッセル　大山　晶訳

2313 ニュルンベルク裁判　A・ヴァインケ　板橋拓己訳
2266 アデナウアー　板橋拓己
2615 物語 東ドイツの歴史　河合信晴
2274 スターリン　横手慎二
530 チャーチル（増補版）　河合秀和
2643 イギリス1960年代　小関　隆
2578 エリザベス女王　君塚直隆
1415 フランス現代史　渡邊啓貴
2356 イタリア現代史　伊藤　武
2221 バチカン近現代史　松本佐保
2415 トルコ現代史　今井宏平
2670 サウジアラビア―「イスラーム世界の盟主」の正体　高尾賢一郎
2538 アジア近現代史　岩崎育夫
2586 東アジアの論理　岡本隆司
2437 中国ナショナリズム　小野寺史郎
2600 孫基禎《ソン・ギジョン》―帝国日本の朝鮮人メダリスト　金　誠
2034 感染症の中国史　飯島　渉

1959 韓国現代史　木村　幹
2262 先進国・韓国の憂鬱　大西　裕
2602 韓国社会の現在　春木育美
2682 韓国愛憎　木村　幹
1876 インドネシア　水本達也
2596 インドネシア大虐殺　倉沢愛子
1596 ベトナム戦争　松岡　完
2330 チェ・ゲバラ　伊高浩昭
1664 1665 アメリカの20世紀（上下）　有賀夏紀
2626 フランクリン・ローズヴェルト　佐藤千登勢
1920 ケネディ―「神話」と実像　土田　宏
2527 大統領とハリウッド　村田晃嗣
2479 スポーツ国家アメリカ　鈴木　透
2540 食の実験場アメリカ　鈴木　透
2504 アメリカとヨーロッパ　渡邊啓貴
2163 人種とスポーツ　川島浩平